赤ちゃんのみつめる目

子育てで不安な
お母さんに伝えたい
「赤ちゃんの秘密」

井上正信 著
こども発達支援ホーム
いわしろ 施設長

現代書林

はじめに

「うちの子、視線があいにくくて……」

「ことばが遅い……」


こうした心配が胸をよぎることはありませんか？

「この子、障害があるのかも……」と悩まれているかもしれませんね。

私は50年余り、自閉症や発達障害の子どもたちの療育に携わってきました。いまでは近隣からだけでなく、全国から相談者が訪れます。

障害の早期発見は、専門機関でなくとも可能です。

むしろ、お子さんの一番近くにいるお母さんこそが、その適任者なのです。

では、どうすれば、障害があるかどうかの判断をお母さんができるでしょうか？

そのひとつが、赤ちゃんの「みつめる目」です。

赤ちゃんのみつめる目に気がつくのは、抱っこしているときです。

赤ちゃんを抱っこしていると、抱き手の顔をじーっとみつめてきます。

この「みつめる」という行為は、新生児期から始まります。

では、赤ちゃんはどうしてみつめるのでしょうか？

また、赤ちゃんと接したとき、次のような「どうして？」の疑問を持つことはありませんか？

・どうして赤ちゃんは、あやすと笑うようになるのかしら？
・どうして赤ちゃんは、手を伸ばしておもちゃをつかむようになるのかしら？
・どうして赤ちゃんは、喃語《なんご》（声出し遊び）を言うようになるのかしら？

これらの「どうして？」の疑問を解くカギは、赤ちゃんの「みつめる目」にあるのです。

私はみつめる目が心身の発達を支えていることに目覚めさせられ、みつめる目の働きに驚きました。

本書では、みつめる目が持っている隠れた働きを紹介します。

また、みつめる目だけではなく、赤ちゃんに生まれながら備わっている、笑うことや、泣くことの行動についてもお話しします。

赤ちゃんを抱っこしていると、赤ちゃんがじーっとみつめてきます。赤ちゃんの瞳はとても可愛らしくて、人々を魅了します。

あやしたり、声をかけたりすると、赤ちゃんはニッコリと微笑みます。微笑んだ顔は愛らしくて、ついかまいたくなります。

赤ちゃんはしばしば「オギャーオギャー」と泣きます。人々は赤ちゃんの泣き声に弱いために、泣き声を聞くと、何をさておいてもお世話をしたくなります。

赤ちゃんが笑った、泣いたといって、バタバタとお世話をしているうちに、赤ちゃんは成長していきます。

赤ちゃんの成長に必要なものは、人との関わりです。

赤ちゃんに生まれながら備わっている「みつめること」「笑うこと」「泣くこと」は、人との関わりを引き起こします。赤ちゃんは、この3つの行動で人との関わりを育み、人との関わりを成長の糧とします。

したがって、3つの行動に問題が起こると、赤ちゃんは発達の道すじを順調にたどることができなくなります。

こうしたことにより、アイコンタクト、はしゃぎ反応、欲求を伝える泣きの行動を観察することで、障害の早期発見ができるのです。

第3章では、0歳から2歳までの成長の過程を紹介します。改めてお子さんの行動をよく観察してみてください。

お母さん、「オギャーオギャー」と泣かれるのはつらいですね。

しかし、赤ちゃんには泣かなければならないわけがあるのです。なぜなら、泣くことは呼吸と深く関係があるからです。

また、泣くことで、赤ちゃんにはいいことが起こります。だから、赤ちゃんが育つためには「オギャーオギャー」と泣くことが必要なのです。

本書では、赤ちゃんが泣く理由と、泣きがもたらすいいことをお教えします。

赤ちゃんの瞳は、とても可愛らしいですね。でも、赤ちゃんの瞳は、人を魅了するだけではありません。

「みつめる目」は、人を受け入れる窓口となったり、物や人を探索したり、物を把握したり、物を操作する手の動きを発動したりする働きをします。

つまり、みつめる目は発達を支えるのです。障害児教育においては、みつめる目が育っているかどうかが、教育の成果を決定づけます。

そのみつめる目を育てることに役立つ取り組みとして「呼吸援助抱っこ」があります。

呼吸援助抱っことは、深い腹式呼吸に誘導する抱っこです。

私が長年にわたる子どもたちとの取り組みの中であみ出したものです。

たくさんの自閉症の子どもたちが、呼吸援助抱っこによって救われました。

もちろん、本書では呼吸援助抱っこについてもお伝えします。

本書が赤ちゃんを育てている方や赤ちゃんの育ちに不安を持っている方のお役に立てれば幸いです。

２０１７年10月

こども発達支援ホーム　いわしろ施設長　井上正信

目次

第2章　「オギャーオギャー」の泣きが赤ちゃんを育てる

第3章 みつめる目の働き

第4章　みつめる目で、お子さんの発達をみてみよう

第5章　呼吸をみつめ続けた私の60年

第1章

赤ちゃんの
みつめる目のパワー

1. 赤ちゃんのみつめる目

①どうして赤ちゃんは抱き手の顔をみつめるの？

赤ちゃんを抱っこしていると、赤ちゃんが抱き手の顔をじーっとみつめます。

目がみえないとされている時期にもかかわらず、じーっとみつめます。不思議ですね。

実は、みえないからみつめるのです。

この、じーっとみつめる行動は、赤ちゃんの視力と未熟な脳の発達に起因します。

(1) 視力

新生児期の赤ちゃんの視力は、強弱視で目の前10～20㎝くらい先のものがやっとみえる程度です。それ以外の物は視界に入りません。そのため、新生児期の赤ちゃんの視線は、視覚がとらえた物に集中してそそがれます。

そこで、目の前の抱き手の顔をじーっとみつめるという行動が起こるのです。

(2) 脳の発達

赤ちゃんの脳は未熟で生まれますが、発達のプログラムが備えられています。そして、脳の発達は生まれた瞬間から始まります。

ところで、脳の発達に必要なものはなんでしょうか？

それは、外部からの刺激です。

赤ちゃんは、五感（視覚・聴覚・臭覚・触覚・味覚）で刺激をキャッチします。そして、キャッチした刺激は、脳に送り込まれます。脳に送り込まれた刺激は、脳の発達を図る糧となります。

では、生まれたばかりの赤ちゃんの五感は、どのような刺激をキャッチするのでしょうか？

視覚は抱き手の顔をキャッチします。臭覚は抱き手の臭いや、オッパイを飲むことで臭いをキャッチします。聴覚はあやされたり、子守歌を聞いたりすることで人の音声をキャッチします。また、自分の口から出る「オギャーオギャー」の音声や「アー」「フー」の音声もキャッチします。触覚は抱っこされたとき、抱き手の肌の温もりややわらかな感触をキャッチします。味覚はオッパイの味をキャッチします。

五感がキャッチした刺激は脳に送り込まれます。赤ちゃんの未熟な脳は、発達を図るために外部からの刺激を求めています。なかでも視覚がとらえた刺激は、生まれたばかりの赤ちゃんの脳を発動させる働きをします。

脳が強く求めている刺激ですので、視覚がいったん抱き手の顔をとらえると、視線をそらすことができなくなるのです。こうして、抱き手の顔をじーっとみつめるという行動が起こります。

②どんな状態のときに赤ちゃんはみつめるの？

新生児期の赤ちゃんは、しばらくの間抱っこされ続けているときに、抱き手の顔をみつめます。

しばらくの間抱っこされ続けるときといえば、オッパイを飲んだ後と、「オギャーオギャー」の音声を出したときです。オッパイを飲んだ後はゲップを出させたり、飲んだオッパイをお腹に落ちつかせるために、しばらくの間抱っこします。

抱っこをしていると、赤ちゃんは抱き手の顔をみつめてきます。また、赤ちゃんが「オギャーオギャー」の音声を出すと、母親はなだめるために抱っこをします。泣きがおさまると、赤ちゃんは抱き手の顔をじーっとみつめてきます。そして、みつめながら「アー」「フー」と可愛い音声を出したり、微笑んでいるような表情をみせます。

こうした行動から、赤ちゃんはお腹がすいていなくて、しっかりと深い腹式呼吸ができているとき、すなわち、よいコンディションのときにみつめてくることがわかります。

③みつめる目を育てましょう

赤ちゃんのみつめる目を育てるには、どのような取り組みをしたらいいのでしょうか？

それは、「みつめる」という行動と、「みつめ続ける」という行動を引き出すことです。

「みつめる」という行動を引き出すためには、「赤ちゃんはよいコンディションのときにみつめる」ということを参考にします。

生まれて数ヵ月間の赤ちゃんのコンディションを決めるのは、オッパイの飲みと呼吸の深さです。必要を充たすオッパイを飲むことができることと、必要を充たす呼吸ができること。この2つの条件が整うと、赤ちゃんはよいコンディションとなり、みつめるのです。

そこで、この2つの条件が整うように、お世話をするようにします。

幸いなことに、赤ちゃんはお腹がすいたり、呼吸が浅くなったりすると「オギャーオギャー」の音声を出します。この「オギャーオギャー」の音声を出したときに、適切なお世話をすることによって、よいコンディションを整えることができます。

次に、「みつめ続ける」という行動を引き出すためには、赤ちゃんがみつめてきたら、それが持続するようにお世話をすることです。

たとえば、赤ちゃんの目をみつめながらやさしく話しかけたり、あやしたり、歌を歌ったりして、みつめる行動が持続するようにします。つまり、赤ちゃんのみつめる目に応えることで、みつめ続ける目を育てます。

そのためには、養育者が気持ちにゆとりを持って赤ちゃんに接することが大切です。養育者が赤ちゃんとしっかりと、時間をかけて触れあうことができるように家族が協力することです。赤ちゃんと直接触れあったり、お世話をしたりしなくても、家族は養育者を援護することで、子育てに参加できます。

④みつめない赤ちゃん

抱っこされているとき、すべての赤ちゃんが抱き手の顔をみつめるかというと、そうではありません。

赤ちゃんのほうからみつめてこないだけでなく、抱き手が赤ちゃんの目をみつめ続けながらあやしたり、話しかけたりしても、みつめてこない赤ちゃんがいます。

この時期はオッパイを飲ませたり、赤ちゃんの泣き声にふりまわされたり、オムツを取り替えたり、沐浴をさせたりと、心休まる暇もないほどにお世話に多忙をきわめている時期ですので、赤ちゃんがみつめてくるかどうかまで気がまわりません。

育児書を読んでも、赤ちゃんのみつめる目についての解説はほとんどありません。たとえみつめてこないことに気がついて、子育ての体験者や専門家に相談しても、「大丈夫」「神経質すぎる」「心配することはない」などと言われてしまい、相談にのってもらえません。

しかし、みつめる目が心身の発達に深く関わっていることを考えると、みつめてこないことは大変な問題です。

自閉症の特徴のひとつに、視線があわないことがあります。たしかに自閉症の子どもは、人と目をあわせることが苦手です。子どもの目をみつめても視線をそらし、子どものほうから人の目をみつめてくることはありません。たとえみつめてきても、チラッとみるだけです。

では、いつごろから視線があわないのでしょうか?

それは新生児期より始まっています。でも、世間が視線があわないことに気がつく時期は、2~3歳頃になってからです。また、自閉症の子どもだけではなく、発達に問題のある子どもは、概して視線をあわせることが苦手です。

みつめるかみつめないかは、0歳代から観察できます。赤ちゃんのお世話をするときに、みつめてくるかどうかを観察することが大切です。

⑤追視はみつめる目の成長です

1ヵ月の終わり頃になると、追視らしい行動がでます。赤ちゃんの目の前15～20㎝の位置で赤いガラガラをゆっくり左右に移動させると、わずかに瞳を動かして動くガラガラをみつめ続けます。

2ヵ月頃になると、しっかりと追視ができるようになり、赤ちゃんは仰向けの状態で左右90度の追視ができるようになります。赤いガラガラをゆっくりと左右に移動させると、動くガラガラを追視します。まだ遠くの物はぼんやりとしかみえませんが、2ヵ月の終わり頃には、頭上につるしてある飾り物や枕元に置かれているおもちゃをながめ続けます。ところで、移動するガラガラを追視する赤ちゃんの様子を観察すると、じーっとみつめてガラガラから視線をそらすことがありません。この行動から、追視はみつめる目の成長ととらえることができます。

その後、どのようなものを追視するのでしょうか？

3ヵ月頃になると、目の前でゆれる風船を追視したり、移動する人の姿を追視したりします。

7ヵ月頃になると、散歩をしているとき、走り去る自動車や歩いている人、散歩をしている犬などを追視します。

9ヵ月頃になると、ボールを高いところから落とすと、それを追視します。このように追視は、月日の経過にともなって発達します。

⑥赤ちゃんがみつめて欲しいもの

さて、赤ちゃんの前におもちゃを差し出したとき、赤ちゃんの視線は何に向けられるでしょうか？

それは差し出した人ではなく、おもちゃのほうです。なぜなら、おもちゃは色彩がカラフルできれいだからです。赤ちゃんの目は、人よりもカラフルできれいなおもちゃのほうにひきつけられます。

さらに、おもちゃに加えて赤ちゃんの目をひきつける物があります。それはテレビです。赤ちゃんがテレビを見始める時期はまちまちで、きっかけもさまざまですが、次のようなことがあります。

どんなになだめても赤ちゃんがむずかったり、泣き続けているとき、たまたまテレビをつけたらそれをみてご機嫌がよくなったり、泣き止んだりすることがあります。このことがきっかけとなり、その後はむずかったり泣いたりして、てこずったときに、テレビをみせるようになります。

テレビをつけっ放しにしている家庭の赤ちゃんは、いつとはなしにテレビをみるようになります。また、親が多忙なときは、テレビをみせておけば安心ということもあります。

きっかけはなんであれ、テレビの画面は赤ちゃんが普段みている人や物や景色よりもずっと刺激が強いです。そのために、赤ちゃんの目は画面に吸い寄せられ、いつまでもテレビを見続けます。スマホやタブレットも同様です。

このように、赤ちゃんの目はカラフルなおもちゃや刺激的な画面にひきつけられますが、実は、0歳代の赤ちゃんにみつめて欲しいものは、人です。

なぜなら、0歳代は、人をみつめることで人を受け入れて、対人関係の土台をつくる大切な時期だからです。

赤ちゃんは、人との触れあいを求めています。おもちゃやテレビに人との触れあいの代行はできません。また、赤ちゃんはおもちゃやテレビをみることを要求しているわけではありません。特に0歳代は、赤ちゃんのみつめる目を、つとめて人に向けさせることが大切です。

第2章

「オギャーオギャー」の泣きが赤ちゃんを育てる

1.「オギャーオギャー」と泣く理由

やっとねんねしたとホッとしたのも束の間で、赤ちゃんは「オギャーオギャー」と泣き出します。オッパイをたっぷりと飲んだのに、しばらくすると泣き出します。「泣くことは赤ちゃんのお仕事」というけれど、実によく泣きます。赤ちゃんは泣きというお仕事に励む働き者なのです。

でも、働き者につきあうことは大変です。もう泣くのには閉口だと、弱音を吐きたくなります。

でも、ちょっと待ってください。赤ちゃんには「オギャーオギャー」と泣かなければならない理由があるのです。しかも「オギャーオギャー」と泣くことで、赤ちゃんにはたくさんのいいことがもたらされるのです。

「オギャーオギャー」と泣く理由と、いいことを知ったら「オギャーオギャーの泣きに乾杯！」となることでしょう。

赤ちゃんは呼吸をしていますが、生まれて数ヵ月間は、呼吸器官の機能が未熟であるため、必要を充たす呼吸をすることができません。

そのため、しばしば息苦しくなったり、ささいなことが原因で呼吸が浅くなったりします。すると、赤ちゃんは大きく息を吐いて、たくさん息を吸うことで呼吸を整えます。

この大きく息を吐くときに、口頭の声帯弁の振動が起こり「オギャーオギャー」の音声が出ます。したがって、「オギャーオギャー」は、息を大きく吐くことによって出る呼気音なのです。呼気音であるために、息の吐き方によって大きい声になったり、小さい声になったりします。

昔から「オギャーオギャー」の呼気音を聞くと、人々は「泣いている」と言います。それは「オギャーオギャー」の呼気音を出すときの赤ちゃんの表情が、子どもが泣いているときの表情に似ていたり、「オギャーオギャー」の呼気音が「アーンアーン」の泣き声を連想させたりするためと考えられます。

実は「オギャーオギャー」の呼気音が泣き声になるのは、オッパイが欲しい、抱っこして欲しいと、欲求を伝えるために泣くようになってからです。つまり、「オギャーオギャー」の呼気音に、気持ちや意思が込められるようになってからです。

しかし、欲求を伝える泣きが出る前の「オギャーオギャー」の呼気音を、人々は泣き声と思い込んでいます。昔から皆が皆、思い込んでいるために、誰も思い込みであることに気がつきません。もし「オギャーオギャー」が赤ちゃんにとって呼吸のために必要であることを教えられたら、泣くのには閉口だという思いはいだかないことでしょう。

しかし、この思い込みは赤ちゃんによいことをもたらします。

それは、赤ちゃんが、人々に抱っこをしてもらえることです。人々は「オギャーオギャー」の呼気音を聞くと、可哀想にと思い、なだめるために抱っこをします。抱っこをされると赤ちゃんは呼吸がしやすくなるので、息苦しさや浅い呼吸といったピンチから、すみやかに脱け出すことができます。

2. 泣きはいいことずくめ

①泣きは呼吸器官の機能を発達させせます

生まれたばかりの赤ちゃんの呼吸器官の機能は未熟です。そこで、呼吸器官を活発に活動させ、機能の発達を図るというお仕事が赤ちゃんに課せられます。

さて、「オギャーオギャー」の音声はとても大きくて、こんな小さい身体のどこからこんな大きい声が出るのだろうと驚かされます。

大きい声は、息をたくさん吐いたり、息をたくさん吸ったりすることで出るものです。

息をたくさん吐く、息をたくさん吸うという営みが、呼吸器官の動きを活発にするのです。その結果、呼吸器官の機能の発達が図られます。

先人は「泣くと肺が丈夫になる」「泣くのは元気な証拠」などと言って、赤ちゃんが泣くことを肯定的に受けとめました。先人は子育ての体験から、泣くことは赤ちゃんが発達を図るうえで大切なお仕事であることを知っていたのです。

②泣きは深い腹式呼吸に導きます

「オギャーオギャー」の大声の泣きがおさまると、赤ちゃんは先刻までの大泣きが嘘のように、おだやかな表情となります。これは、深い腹式呼吸ができるようになり、快のコンディションとなることによって出る表情です。

では、どうして大声で泣くと深い腹式呼吸ができるようになるのでしょうか？

それは大声で泣くことによって、横隔膜の動きが活発になり、自然と深い呼吸ができるようになるからです。

生まれて数ヵ月間は呼吸器官の機能が未熟であるために、しばしば呼吸のトラブルが起こります。すると赤ちゃんは大声で泣いて、呼吸のトラブルを解消します。それは、泣きが深い腹式呼吸に導くからです。

③泣きはアイコンタクトをもたらします

人々は赤ちゃんが泣くと、抱っこをしてなだめます。泣きやんで深い腹式呼吸ができるようになると、赤ちゃんは抱き手の顔をじーっとみつめてきます。これが泣きがもたらすアイコンタクトです。

人は終生、人との関わりを持って生活します。赤ちゃんはアイコンタクトをとることで、人との関わりをスタートさせます。

赤ちゃんが泣いた後に、アイコンタクトをとってくることを考えると、泣きはアイコンタクトを育てるうえで必要な行動であることがわかります。

また、赤ちゃんがアイコンタクトをとる目は、人や物をみつめる目に成長します。そして、みつめる目は赤ちゃんが心身の発達を図るうえで、大きな働きをします。

④泣きはお世話を発動します

赤ちゃんは心身ともに未熟であるために、人のお世話を受けなければ一日たりとも生きることができません。たとえば、オッパイを飲むことにしても、動物の赤ちゃんは生まれて間もない時期から、自力で母親のもとに移動してオッパイを飲みますが、人間の赤ちゃんは母親に飲ませてもらわなければオッパイを飲むことができません。このように、オッパイを飲むことすら人のお世話を受けることを必要とします。

しかし、赤ちゃんには幸いなことに、お世話を発動させる術が備わっています。それが「オギャーオギャー」と泣くことです。赤ちゃんが「オギャーオギャー」と泣くと、人々は何をさておいても赤ちゃんのところにかけつけてお世話をします。

「お腹がすいたのかな?」と思うと、オッパイを飲ませたり、オムツがぬれていればオムツを取り替えたり、むずかっているときは、抱っこをしてなだめたりします。

また、3~4ヵ月頃になるとオッパイが欲しい、抱っこして欲しい、あやして欲しいと欲求を伝える泣きが出ますが、赤ちゃんが欲求を伝える泣きをしたときには、人々は欲求に応えたお世話をします。このように「オギャーオギャー」の呼気音においても、欲求を伝える泣きにおいても、泣きはお世話を発動するのです。

⑤泣きは愛着を育てます

赤ちゃんは呼吸のトラブルをかかえたり、お腹がすいたり、不快な刺激を受けたりすると泣きます。つまり、赤ちゃんはピンチにおちいると泣くのです。赤ちゃんが泣くと、人々はピンチの状態から抜け出せるようにとお世話をします。

赤ちゃんはピンチの状態におちいったとき、自分で解決することができません。そのためピンチの状態から抜け出すことを援護してくれる人は、赤ちゃんにとって救世主に価します。その結果、赤ちゃんは繰り返しお世話をしてくれた人に、絶対的な信頼を寄せるようになります。

また、お世話をすることで、赤ちゃんとの触れあいも生まれます。心地よい触れあいによって、赤ちゃんはお世話をしてくれた人に思慕をいだくようになります。つまり、愛着が育つのです。

赤ちゃんが泣く↓お世話をされる↓お世話をしてくれた人に思慕をいだき、信頼を寄せる↓愛着が育つ。こうした経緯から、泣きが愛着を育てることがわかります。

⑥泣きは「アハハハハ」の笑い声を育てます

3～4ヵ月頃になると、「イナイイナイバー」とあやすと、赤ちゃんは「アハハハハ」と声を出して笑ってはしゃぎます。これまでもあやすとニッコリと微笑みはしましたが、「アハハハハ」の笑い声は出ませんでした。

では、3～4ヵ月頃になると、どうして「アハハハハ」の笑い声が出るようになるのでしょうか？

それは呼吸器官の機能が発達することで、一気にたくさん息を吐くことができるようになるからです。

ところで、泣きは呼吸器官の機能の向上をもたらします。特に3～4ヵ月頃になると欲求を伝える泣きが出ますが、欲求を伝える泣きのときは、小さい身体のどこから、こんなに大きい声が出るだろうと思うほど大きい声で泣きます。赤ちゃんは大きい声で、しかもお世話を受けるまで泣き続けます。

この欲求を伝える泣きが、一気にたくさん息を吐くことを可能にします。こうしたことから、欲求を伝える泣きが「アハハハハ」の笑い声を育てるために一役買っていることがわかります。

⑦泣きは快食・快眠・快便をもたらします

快食・快眠・快便は、身体のコンディションを整えることに役立っているのです。赤ちゃんはこれらの条件を、深い腹式呼吸によって獲得します。つまり、泣きが3つの条件を整えるのです。

(1) 快食

赤ちゃんが「オギャーオギャー」と泣いている姿をみると、手に力を入れて足をバタバタさせて、背中をそり返しています。まさに全身運動です。

全身運動ですので、泣くと体力を消耗します。そこでお腹がすきます。お腹がすくので自然とオッパイを飲みたくなります。

また、泣くと横隔膜の動きが活発になります。横隔膜の動きが活発になると、連動して腸の動きが活発になります。その結果、消化吸収がよくなります。消化吸収がよくなるので、オッパイをしっかりと飲めるようになるのです。

しっかりと飲めるようになるので満腹になると、赤ちゃんは自らオッパイを口から放します。こうしたことから、泣きが快食をもたらすことがわかります。

(2) 快眠

赤ちゃんはオッパイを飲み終わると、うとうとし始めました。母親は赤ちゃんが完全に眠ったところでベッドに寝かせました。母親は十分にオッパイを飲んだから、ぐっすりと眠るだろうと思って安心していました。

ところが、しばらくすると「エーンエーン」と泣き始めました。母親はまた寝つくだろうと見守っていましたが、「エーンエーン」の小さい泣き声はだんだんと大きくなり、「オギャーオギャー」の大きい泣き声となりました。

そこで、母親は赤ちゃんを抱き上げました。抱っこをしていると「オギャーオギャー」の泣き声がしだいにおさまり、再びすやすやと眠り出しました。

さて、このように赤ちゃんがぐっすりと眠るだろうと思っても、突然泣き出すことがあります。それは眠っている間に呼吸が浅くなったり、息苦しくなったりするからです。母親に抱っこをされたら再び眠ることができたのは、抱っこされると呼吸がしやすくなるからです。

このように、赤ちゃんは眠っているときも、呼吸のコンディションが乱れると、泣いて呼吸を整えます。呼吸のコンディションが整っているときは、赤ちゃんはすやすやと眠り続けます。

ところで、呼吸のコンディションが整っているときに快眠となるのは、赤ちゃんだけではありません。大人も同様です。

高齢になるほど、睡眠は呼吸に左右されます。また、昼間の生活でストレスが加わったり、精神的な緊張を持ったまま就眠すると、寝つきが悪くなり、夜中に目が覚めると、その後は眠れなくなります。こうしたときには呼吸を整えると、再び眠ることができます。

抱っこをされているときは2～3時間も眠り続けるのに、ベッドに寝ているときはよく泣く赤ちゃんがいます。これは、寝ているポーズが呼吸を浅くするためです。

(3) 快便

前述したように、赤ちゃんが大泣きをすると横隔膜の動きが活発になり、連動して腸も活発に動くようになります。腸が活発に動くようになると、スムーズに排便ができるようになります。これが快便です。大声で泣く赤ちゃんが快便なのは、泣くと横隔膜の動きに連動して腸の動きが活発になるからです。つまり、泣きが快便をもたらすのです。

以上、泣きが快食・快眠・快便をもたらすことを述べました。快食・快眠・快便は、身体の健康を維持するうえで大切な条件です。こう考えると、赤ちゃんは健康を維持するためにも、泣くことが必要であることがわかります。

⑧泣くことは音声を出すトレーニングです

赤ちゃんは0歳代から、ことばを話すことに向けて準備を始めます。その準備のひとつに、音声を出すトレーニングがあります。

赤ちゃんが音声を出す場面は、「泣く」ときと「お語り（赤ちゃんが「アーフーン」などと音声を出すこと）」をするときと「笑う」ときです。

泣くときには「アーンアーン・オギャーオギャー」の音声が出ます。お語りをするときは「アーフーン・ウックンアー」などの音声が出ます。笑うときには「キャッキャッアハハハ」の音声が出ます。

赤ちゃんはことばを話す準備をしているつもりはありませんが、これらの音声を出すことが、トレーニングとなっています。とりわけ「アーンアーン・オギャーオギャー」と泣くことは、音声を出すトレーニングです。

泣き声にしても、お語りの声にしても、笑い声にしても、生まれて数ヵ月は小さい声ですが、月日が経過するにつれて、大きい声となり、声が長く出るようになります。特に泣き声はこのことが顕著です。欲求を伝える泣きでは、赤ちゃんは泣きに対応してもらえるまで大きい声で泣き続けます。大きい声で泣き続けることが、音声を出すトレーニングとなっています。

ところで、泣き声は単純な音声であり、言語音は構音によって、複雑な音声となります。赤ちゃんは1年の月日をかけて、単純な音声を複雑な音声へと成長させるのです。構音をするためには、構音が可能な音声を出さなければなりません。この構音が可能な音声を出せるようにするのが、泣きなのです。

ことばを話すことと泣くことは関係がないように思いますが、しっかりと大きい声で泣くことができた赤ちゃんは、構音の上達が早いです。

3．泣きに異変が生じている

①呼吸援助抱っこへの反応

当施設では「呼吸援助抱っこ」（175ページ参照）の取り組みをしていますが、近年、呼吸援助抱っこをしたときの子どもの行動に異変が起こっています。それは、大きい声で泣くようになるまでに時間がかかること、抱っこへの抵抗が弱いことです。

泣き声についていえば、自閉症児に対して呼吸援助抱っこをしたときには、抱っこをした途端に「アーンアーン、ギャーギャー」と200メートル先まで聞こえるくらい大きい声で泣き叫びましたが、近年の子どもは抱っこをしたとき、すぐに「アーンアーン、ギャーギャー」と大きい声で泣かずに、咳をするように「ハッハッ」と息を吐いたり、「シャックリ」をしたり、「クークー」と喉を鳴らします。30分～1時間くらい抱っこを続けても、なかなか大きい声で泣くようになりません。

それでも毎日抱っこの取り組みを続けていると、2~3ヵ月くらい経過してから、ようやく大きい声で泣くようになったり、抱っこから逃げようとして全身で抵抗してきたりするようになります。それでも数年前の自閉症児と比べると、抵抗する力は弱いです。

呼吸援助抱っこを根気よく続けていると、子どもは大きい声で泣くようになり、抵抗も強くなってきます。子どもの泣き声を聞いて、母親たちはいままでこんなに大きい声で泣くことはなかったと驚かれます。

そこで、赤ちゃんの頃の泣き声を尋ねると、異口同音にあまり大きい声を出して泣くことはなかったとの返事がかえってきます。母親たちのことばからも、赤ちゃんの泣き声に異変が起こっていることが推察できます。

②あまり泣かない赤ちゃんの出現

近年は、近所で赤ちゃんが生まれても「オギャーオギャー」の泣き声を聞くことが稀になりました。一昔前は「オギャーオギャー」の泣き声は、向こう三軒両隣まで届いたものです。近年は、あまり泣かない赤ちゃんが出現しているのです。

泣くことは赤ちゃんのお仕事と観念して、赤ちゃんの泣きにふりまわされながらお世話をした世代にとっては、あまり泣かない赤ちゃんの話はうらやましい限りです。

ところで、どうしてあまり泣かない赤ちゃんが出現するようになったのでしょうか？

その原因として、赤ちゃんの育つ環境が整えられてきたことと、泣かせないようにお世話をするようになったことが考えられます。

(1) 赤ちゃんが育つ環境の変化

たとえばオムツですが、昔は布のオムツでしたので、オムツがぬれると赤ちゃんは不快を覚えて泣きました。現代は良質な紙オムツを使用するために、オムツがぬれても不快を覚えません。その結果、オムツが原因で泣くことが減少しました。

また、昔は夏の暑さや冬の寒さに耐えられなくて、暑かったり寒かったりすると泣きました。現代は冷暖房設備の完備によって、暑さや寒さで泣くことが減少しましました。

さらに、昔と違って育児用品が整っているため、何かと便利になりました。たとえば、ミルクの調合や離乳食の調理にも手間がかからなくなりました。その分、赤ちゃんのお世話に手をかけることができるようになりました。

こうした赤ちゃんが育つ環境の変化が「オギャーオギャー」と泣くことの減少をもたらしたと考えられます。

(2) 泣かせないようにお世話をする

赤ちゃんが泣いている姿をみることは、可哀想で、親にとって耐えがたいことです。そこで、少しでも赤ちゃんが泣かなくてすむように先手を打ったお世話を心がけるようになります。

たとえば、眠っている赤ちゃんがもぞもぞと動き始めると、泣く前に抱っこをします。また、ベッドよりも抱っこのほうがよく眠る赤ちゃんの場合は、眠っている間抱っこをします。そして、物音に敏感な赤ちゃんの場合は、眠っている間は物音をたてないように配慮をします。赤ちゃんがむずかりそうになると、泣く前になだめます。

昔は赤ちゃんが「オギャーオギャー」と泣いてから、オッパイを飲ませたり、抱っこをしたり、なだめたりしました。ところが、近年は赤ちゃんを泣かせないようにお世話をする傾向があります。その結果、「オギャーオギャー」と泣くことの減少をもたらしました。

③泣きは赤ちゃんを育てる

昔の人は赤ちゃんの泣きについて名言を残しています。

それは、「泣くことは赤ちゃんのお仕事」ということばです。

昔の人は赤ちゃんが泣く理由について深く考えもしませんでしたが、子育ての体験から、赤ちゃんは泣いて成長することがわかっていました。だから、赤ちゃんの泣きを肯定的に受けとめ、泣きに対応しました。実は、こうした昔の人の対応は、適切だったのです。

なぜなら、「オギャーオギャー」と泣くと、これまで述べた「オギャーオギャー」の泣きがもたらすいいことの恩恵にあずかることができるからです。

あまり泣かなかったり、大きい声で泣かない赤ちゃんは、成長に問題をかかえているといっても過言ではありません。

④子育ての継承

あるテレビ番組で「パンダの子育て」が紹介されていました。それは母親のパンダに赤ちゃんのパンダを育てさせる取り組みを紹介する番組でした。

一般に、動物園ではパンダの赤ちゃんが生まれると、飼育員がお世話をして育てますが、この動物園では母親のパンダに赤ちゃんを育てさせる取り組みをしています。どうしてそうするかというと、赤ちゃんのパンダが将来母親になったときに、自分の赤ちゃんを育てられるようにするためです。つまり、子育ての継承を図るためです。

考えてみると野生の動物は、親から子へと子育てを継承しています。パンダも親から子へと子育ての継承がなされてきました。ところが、パンダの繁殖を図るために、人間が子育てに介入するようになり、そのことによって子育ての継承が困難になりました。

パンダの子育ての番組をみて、人間の子育ての継承はどうだろうかと考えました。昔は赤ちゃんが生まれると、新米の母親に、子育ての体験者（先輩）が赤ちゃんの育て方をいろいろと伝授しました。オッパイの飲ませ方から抱っこの仕方、淋浴の仕方、オムツ交換の仕方に至るまで、さまざまなお世話を伝授しました。

新米の母親は、先輩のアドバイスをたよりにして、赤ちゃんのお世話に励みました。困ったことが起こると、先輩にアドバイスを求めました。アドバイスを求められると、先輩は喜んで新米の母親に力を貸しました。

たとえば、赤ちゃんをなだめても泣きやまず、うろたえている新米の母親をみると、先輩は「ちょっと貸してごらん」と言って赤ちゃんを引き取り、なだめてくれました。先輩のなだめ方をみて、新米の母親は学んだものでした。なにくれと子育ての知恵を授けてくれ、手を貸してくれる先輩は、新米の母親にとって力強い助っ人でした。こうして野生のパンダのように、次の世代へと子育ての継承がなされたのです。

ところが現代では、子育ての体験者（先輩）は「若い者には若い者の育て方がある」と言って、昔のようにあれこれと助言したり、手を出したりしない傾向にあります。これに拍車をかけているのが、子育てについての情報です。

現代は子育てについての情報があふれており、自分にあった情報が入手できます。若い世代が情報に飛びつくのは無理もないことです。

赤ちゃんパンダの世界に人間が介入することによって子育ての継承が失われたように、あふれる情報が子育ての継承をこわしつつあるように考えます。

しかし、赤ちゃんの発達は、昔も現代も変わりません。

人間の赤ちゃんは未熟で生まれてきますが、もともと発達のプログラムが備わっています。子育ては発達のプログラムの開花を援助することです。この基本をふまえて、子育てをすることが大切です。

第3章　みつめる目の働き

1. 0~2歳までのみつめる目の働き

赤ちゃんは未熟で生まれてきますが、もともと発達のプログラムが備わっています。そして生まれるとすぐに発達のプログラムにしたがって、発達を図り始めます。この発達の過程で、赤ちゃんのみつめる目は重要な働きをします。

これから、みつめる目がどんな働きをするかについて具体的に考察します。お子さんの発達を確認する目安にしてください。

①0カ月

社会性

（1）みつめる目が、社会性の発達のスイッチを入れます。

みつめる目は「人を受け入れる窓口」としての機能を持っています。人を受け入れることで、社会性の発達のスイッチを入れます。

（2）みつめる目が、微笑んでいるような表情を生み出します。微笑んでいるような表情は、人をひきつけます。

ことば

（3）みつめる目が、「アー」「フー」の音声（お語り）を発動します。「アー」「フー」の音声（お語り）を発動することで、みつめる目はことばの発達のスイッチを入れます。

社会性

（1）みつめる目が、社会性の発達のスイッチを入れます

母親が赤ちゃんを抱っこしていると、赤ちゃんが母親の顔をみつめてきました。赤ちゃんの目の愛らしさは格別です。母親は赤ちゃんの瞳に魅了されて目が離せなくなり、みつめ続けました。そして、母親は赤ちゃんの目をみつめながら「オーオートトトト

バー」とあやしました。

さて、このとき赤ちゃんに、何が起こっているのでしょうか？

それは、赤ちゃんが五感で母親からの刺激を受けとめるということです。

赤ちゃんは母親に抱っこされているので、視覚は母親の顔をみつめます。聴覚は母親のあやす音声を受けとめます。臭覚は母親の臭いを受けとめます。触覚は母親の温もりや柔らかな感触を受けとめます。

ところで、みつめる目は物をみるという視覚としての機能に加えて、もうひとつの機能を持っています。それは、人を受け入れる窓口としての機能です。

0ヵ月の赤ちゃんの視力は0・02くらいで、10〜20cmくらい先のものがやっとみえる程度です。そのため抱き手の顔はぼんやりとしかみえません。実はあまりみえないからこそ、じーっとみつめ続けるという行動が生まれます。そしてみつめ続けることで、人を受け入れることが起こります。

人を受け入れることで、人との関わりが生じます。ここで、社会性の発達にスイッチが入ります。つまり、みつめる目が社会性の発達のスイッチを入れるのです。

(2) みつめる目が、微笑んでいるような表情を生み出します

赤ちゃんはご機嫌がよいときに、微笑んでいるような表情をみせます。とりわけ抱っこをしているときに、赤ちゃんは抱き手の顔をじーっとみつめながら、微笑んでいるような表情をみせます。

それは、赤ちゃんの目がまだしっかりとみえないことが原因です。しっかりとみえない目で抱き手の顔をじーっとみつめることは、とてもエネルギーのいるお仕事です。そのため、じーっとみつめると、呼吸が浅くなります。

赤ちゃんは呼吸が浅くなると、息を「フーッ」と吐いて、その分息を吸うということをして呼吸を整えます。

息を「フーッ」と吐くときに、口角が左右に引けます。口角が左右に引けると、口唇がU字形となり、微笑んでいるような表情となります。こうしたことから、じーっとみつめる目が、微笑んでいるような表情を生み出していることがわかります。

赤ちゃんの微笑んでいるような表情は、人々を魅了してやみません。人々は赤ちゃんの微笑んでいるような表情をみると、ついあやしたり、話しかけたりしたくなります。

こうして、呼吸の営みから生まれる、微笑んでいるような表情は、赤ちゃんと人との関わりを起こします。

(3) みつめる目が、「アー」「フー」の音声(お語り)を発動します

赤ちゃんはコンディションがよいときに「アー」「フー」と小さい音声を発します。

小さい音声を発するのは、この時期の赤ちゃんは、生まれたばかりで呼吸器官の機能が未熟であるために、しばしば呼吸が浅くなるからです。

呼吸が浅くなるとフーッと息を吐き、その分息を吸って呼吸を整えます。この「フーッ」と息を吐くときに「アー」「フー」の音声が出ます。

とりわけ、抱っこをして抱き手が赤ちゃんの目をみつめながらあやしたり、話しかけたりしたときに、赤ちゃんは抱き手の顔をみつめながら、盛んに「アー」「フー」と小さい音声を発します。こうしたことから、みつめる目が「アー」「フー」の音声を発動することがわかります。

この「アー」「フー」の小さい音声は、1年後にはことばに成長します。

みつめる目が「アー」「フー」の小さい音声を発動することから、みつめる目がことばの発達のスイッチを入れることがわかります。

②1カ月〜2カ月

社会性

(1) みつめる目が、人との関わりを発動します。
(2) みつめる目が、微笑んでいる表情を発動します。

ことば

(3) みつめる目が、「アーフーウー」の音声を発動します。
「アーフーウー」の音声は、お語りです。

社会性

(1) みつめる目が、人との関わりを発動します

赤ちゃんの顔をみると、赤ちゃんと目があいます。目があうと、赤ちゃんはまるで待っ

ていたかのようにみつめてきます。みつめる時間はだんだんと長くなります。

赤ちゃんは相手をじーっとみつめることで、人を受け入れます。つまり、みつめる目が人との関わりを発動するのです。

みつめる目が備えられているために、赤ちゃんは生まれてすぐに人との関わりをスタートすることができるのです。

(2) みつめる目が、微笑んでいる表情を発動します

赤ちゃんは人の顔をじーっとみつめた後に、ニコッと微笑みます。その表情は、とても可愛らしいものです。

じーっとみつめた後に微笑むのは、みつめることで呼吸が浅くなるからです。前述したように、呼吸が浅くなり、呼吸を整えるときに、微笑んでいる表情が生み出されるのです。

じーっとみつめる→呼吸が浅くなる→いつもよりも大きく息を吐く→口角が左右にひける→口唇がU字形となる→微笑んでいる表情となる。こうした経緯から、みつめる目が微笑んでいる表情を発動することがわかります。

この時期は、赤ちゃんのお世話に追われますが、赤ちゃんの微笑んでいる表情は、お世

話をする労苦を癒してくれます。2ヵ月前後の微笑みは、天使の微笑みと称されています。2ヵ月の終わり頃には、微笑みながら「キャッキャッ」の音声を出します。

ことば

(3) みつめる目が、「アーフーウー」の音声を発動します

抱き手が赤ちゃんの目をみつめながら、話しかけたりあやしたりすると、赤ちゃんは抱き手の目をみつめながら「アーフーウー」と小さい音声を出します。

小さい音声を出すのは、みつめることで呼吸が浅くなるからです。呼吸が浅くなり、呼吸を整えるときに、小さい音声が出ます。こうしたことから、みつめる目が「アーフーウー」の音声を発動することがわかります。

ところで、赤ちゃんが抱き手をじーっとみつめながら「アーフーウー」と小さい音声を発する姿は、まるで何かを語りかけているようです。抱き手が話しかけるとそれに応じるかのように赤ちゃんが小さい音声を発するというやりとりは、対話を彷彿とさせます。

そこで、赤ちゃんの「アーフーウー」と音声を出す行動を「お語り」と称します。

③3カ月〜4カ月

社会性

（1）みつめる目が、はしゃぎ反応を発動します。

（2）みつめる目が、ニコッと笑いかける行動を発動します。

ことば

（3）みつめる目が、自発的なお語りを発動します。

（4）みつめる目が、音声を聞くことを援護します。

手

（5）みつめる目が、ハンドリガードを発動します。

（6）みつめる目が、目の前のガラガラに手を伸ばす行動を発動します。

社会性

(1) みつめる目が、はしゃぎ反応を発動します

母親が「イナイイイナイバー」をすると、赤ちゃんは「イナイイイナイバー」をじーっとみつめます。みつめた後に「アハハハハ」の音声を出してはしゃぎます。

ところで、赤ちゃんは母親の「イナイイイナイバー」をみると、どうして「アハハハハ」の音声を出してはしゃぐのでしょうか?

それは、「イナイイイナイバー」をじーっとみつめると、息をつめてしまうからです。

そこで、赤ちゃんは呼吸を整えるために息を大きく吐きます。息を大きく吐くときに「アハハハハ」の音声が出るのです。

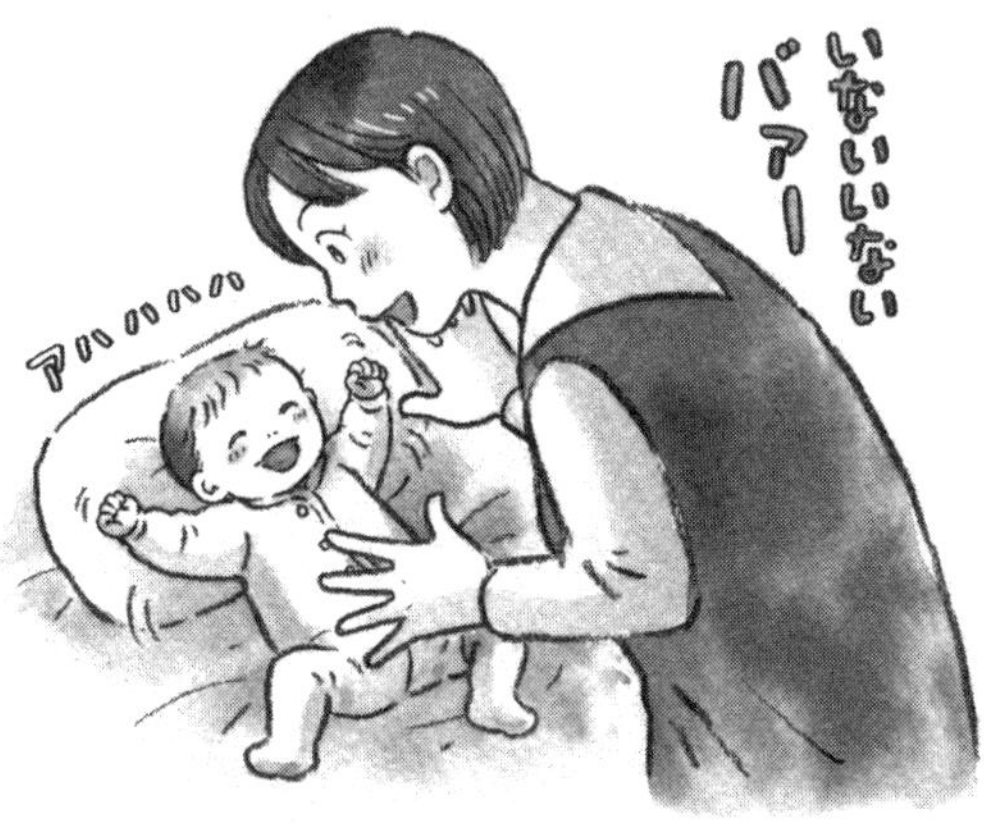

3〜4ヵ月頃になると、呼吸器官の機能が整ってくるので、深い腹式呼吸ができるようになります。その結果、息を大きく吐いたときに「アハハハハ」の音声を出すことができるようになります。

「イナイイナイバー」をみつめる→息をつめて呼吸が浅くなる→息を大きく吐く→「アハハハハハ」の音声を出してはしゃぐ。こうした経緯から「イナイイナイバー」をじーっとみつめる目が、はしゃぎ反応を発動することがわかります。

(2) みつめる目が、ニコッと笑いかける行動を発動します

父親がベッドで寝ている赤ちゃんをみつめると、赤ちゃんが父親をみつめてニコッと笑いかけてきます。また、オッパイを飲んでいる最中に、赤ちゃんはオッパイを中断して母親を見上げ、ニコッと笑いかけます。

このように、赤ちゃんが人をみるとニコッと笑いかけるのは、微笑みが人々をひきつけることを体験から学んだからです。

2ヵ月頃の天使の微笑みの時期から、赤ちゃんは微笑むと人々からあやされたり、抱っこされたりという対応を受けました。また、母親の「イナイイナイバー」をみた後も、ニコッと微笑むと繰り返し「イナイイナイバー」をしてもらうことができました。こうした

まわりの人々の微笑みに対しての対応から、赤ちゃんはニコッと笑うと人をひきつけることを学んだのです。

赤ちゃんは抱っこして欲しくて、触れあって欲しくて、もっと「イナイイナイバー」をして欲しくて、つまり、人との関わりを求めて、人をみるとニコッと笑いかけます。このことから、みつめる目がニコッと笑いかける行動を発動することがわかります。

ことば

(3) みつめる目が、自発的なお語りを発動します

赤ちゃんがオッパイを飲んでいる最中に、オッパイを口から離して母親をみつめてきます。そして、母親と目があうと、赤ちゃんのほうから「アーフーウックンヴェー」などと語りかけてきます。母親があいづちをうつと、さらに語りかけてきます。

4ヵ月頃には人をみつけると、呼びかけるように「ヒャイ」などと大きい声を出します。このように、4ヵ月頃には大人のほうから話しかけたり、あやしたりしなくても、赤ちゃんのほうから語りかけてきます。赤ちゃんが自発的にお語りをするようになるのは、欲求

を伝える泣きで意思や気持ちを伝えることができることを学んだからです。

ところで、赤ちゃんに自発的なお語りを発動させるのはなんでしょうか?

それは、人をみることです。すなわち、赤ちゃんは人をみるとその人と関わりたくなり、人との関わりを求めてお語りをするのです。こうしたことから、みつめる目が自発的なお語りを発動することがわかります。

みつめる目がお語りや微笑みや笑いを発動するのは、これらの行動が呼吸と深く関係しているからです。赤ちゃんは人をみつめると、緊張して息をつめてしまいます。そこで大きく息を吐きます。この息を吐くときに、お語りや微笑みや笑いが産出するのです。

(4) みつめる目が、音声を聞くことを援護します

生まれて数ヵ月間は、赤ちゃんのお守りをするときは、ほとんどの場合、抱っこをします。では、抱っこをされると赤ちゃんはどんな行動をするでしょうか?

それは、抱き手の目をみつめるという行動です。それもわずかな時間ではなく、しばらくの間じーっとみつめ続けます。そこで、抱き手はみつめる目に対応せざるをえなくなります。

抱き手は赤ちゃんの目をみつめながら「トトトトバー」とあやしたり、「アーフーオーン」

と話しかけたり、歌を歌ったりします。そこで、赤ちゃんに抱き手をみつめながら、あやす音声や歌う音声を聞くということが起こります。

さて、0歳代の聴覚は音声の刺激をキャッチしますが、その音声を受容する力はまだ弱いです。この弱点を援護するのが、みつめる目です。

この時期の赤ちゃんは、みつめる目で相手を受け入れようとしているので、みつめながら聞く音声はしっかりとキャッチできます。その結果、相手の音声をしっかりと聞き入れるということが起こります。

2ヵ月の終わり頃には、人の音声が聞こえると、赤ちゃんは音声のするほうをみます。また、赤ちゃんは自分の口から出るお語りの音声や笑い声や「オギャーオギャー」の音声も聞きます。

したがって、聞く力が弱い時期に、まわりの人々が赤ちゃんを抱っこして目をみつめながら話しかけたり、あやしたりすることは、赤ちゃんが音声を聞くうえでベストなスタイルなのです。こうして音声を聞く力は、みつめる目の援護を受けて育っていきます。

(5) みつめる目が、ハンドリガードを発動します

赤ちゃんの手は、新生児期は軽くにぎった状態ですが、刺激が加わると、一瞬手をグーッとにぎったり、パーッと開くという反射運動をします。

1ヵ月頃になると、軽くにぎった状態から手を開くようになり、ガラガラをにぎらせると一瞬反射的ににぎります。

2ヵ月頃になると、手をパーッと開くようになり、手に触れた布団やタオルをしっかりとつかんだり、ガラガラをしばらくにぎったりします。

3ヵ月頃になると、赤ちゃんが自分の手をみつめるハンドリガードが出ます。赤ちゃんは仰向けに寝ているとき、両手の手指を目の上でからませたり、コチョコチョと動かしたりします。

ハンドリガードは、その後も数ヵ月にわたって出ます。赤ちゃんは自分の動く手指をじーっとみつめながら、手指を動かします。

ところで、ハンドリガードは手指の動きですが、手指を動かし続けるのは、動く手指を

みつめるからです。もし、手指の動きをみつめ続けることがなかったら、手指を動かし続けることは起こりません。こうしたことから、みつめる目がハンドリガードを発動することがわかります。

(6) みつめる目が、目の前のガラガラに手を伸ばす行動を発動します

4ヵ月頃になると、仰向けに寝ている赤ちゃんの顔の前にガラガラを差し出すと、ガラガラをじーっとみつめながら、ガラガラに手を伸ばします。また、頭上の飾り物をみつめながら飾り物のほうに手を伸ばします。こうしたことから、みつめる目がガラガラや飾り物のほうに手を伸ばす行動を発動することがわかります。

この時期になると、手はなかば開いた状態となります。把握反射が消えて、手の動きは不随意運動から随意運動に移行します。随意運動に移行すると、みつめる目が手の動きに関与するようになります。つまり、みつめる目が「手は外の頭」として働くことを援護するようになるのです。赤ちゃんがガラガラに手を伸ばす動作は、目と手の協応動作のスタートです。

④5カ月～6カ月

社会性

（1）みつめる目が、母親のところに行きたいと手を差し出す行動を発動します。

ことば

（2）みつめる目が、歌を聞くことを援護します。

（3）みつめる目で、動く口元を熟視します。

手

（4）みつめる目が、見た物に手を伸ばしてつかむ行動を発動します。

（5）みつめる目が、積み木の移しかえを援護します。

社会性

(1) みつめる目が、母親のところに行きたいと手を差し出す行動を発動します

6ヵ月頃になると、赤ちゃんに愛着が育ちます。つまり、母親に対して強い思慕と絶対的な信頼を寄せるようになります。

さて、この愛着の育ちですが、母親が最もよく赤ちゃんのお世話をするので、赤ちゃんが母親に愛着を持つようになると考えられています。しかし、みつめる目という視点から愛着の育ちを考えると、みつめる回数が最も多い人に愛着を持つようになります。

抱っこされているときは、母親の顔が目の前にあります。オッパイを飲んでいるときは、見上げると母親の顔があります。オムツを替えてもらうときは、母親の顔が目の前にあります。あやされるときは、あやす母親の顔をみつめます。その他、入浴にしても、衣服の着脱にしても、お世話をされるときには、赤ちゃんに母親の顔をみつめるということが起こります。

みつめる目は、人を受け入れる窓口です。赤ちゃんには母親をみつめるチャンスがたくさんあります。ということは、母親を受け入れることが頻繁に起こるということです。母

親を頻繁に受け入れることで、母親に対して愛着を持つようになるのです。つまり、みつめる目が愛着を育むのです。

赤ちゃんは、母親に愛着を持つと、他人に抱っこされて機嫌がよいときでも、母親をみつけると母親のところに行きたいと母親のほうへ手を差し出します。それは、母親をみると甘えたい気持ちが湧き上がってくるからです。

このように、赤ちゃんが手を差し出す行動は、母親をみることによって出ます。こうしたことから、みつめる目が母親のところに行きたいと手を差し出す行動を発動することがわかります。

ことば

(2) みつめる目が、歌を聞くことを援護します

母親が「ぞうさん」などの童謡を歌うと、赤ちゃんが母親の歌を聞きながら、歌を歌うかのように「ウーアーウーアー」と音声を長く出し続けます。長く音声を出し続けられるのは、赤ちゃんが母親の歌を聞き続けることができるからです。

実は、赤ちゃんが歌を聞き続けられるのは、母親をじーっとみつめながら歌を聞くからです。つまり、みつめる目が母親の歌を聞くことを援護するのです。こうしたことから、赤ちゃんは目と耳で歌を聞くことがわかります。

(3) みつめる目で、動く口元を熟視します

母親が赤ちゃんと対面して、口唇を開閉して「パパパパ」と言ったり、舌の先を上顎につけて「タタタタ」と言ったり、口唇をふるわせて「ブブブブ」と言ったり、フーッと息を吹きかけたり、口唇を尖らせたりして、口元を動かすと、赤ちゃんは母親の口元を熟視します。ときには手を伸ばして母親の口唇をつかんだりします。

熟視はみつめる目の成長です。この行動は、9~10ヵ月頃に出る「ブーブー」、「パパ」、「ンマンマ」などの音節の復唱につながる大切な行動です。

手

(4) みつめる目が、見た物に手を伸ばしてつかむ行動を発動します

5ヵ月頃になると、手の届くところにあるガラガラをみつけると、赤ちゃんは手を伸ばしてガラガラをつかみます。そして、つかんだガラガラをじーっとながめたり、振ったり、なめたりします。また、オムツ交換のときに目の前に自分の足が来ると、手を伸ばして足をつかみ、顔のほうに引き寄せます。

ところで、赤ちゃんが手を伸ばしてつかむという行動は、何によって発動するのでしょうか?

それは、物をみることにあります。つまりみつめる目が、手を伸ばす、手を伸ばしてつかむという行動を発動するのです。

6ヵ月頃には、母親が哺乳びんでミルクを飲ませようとすると、哺乳びんをみつけた赤

ちゃんが、自分で哺乳びんを支え持ってミルクを飲みます。また、母親が離乳食をスプーンで食べさせようとすると、スプーンをみつけた赤ちゃんが、スプーンをつかみます。これらの行動も、みつめる目が発動するものです。

(5) みつめる目が、積み木の移しかえを援護します

赤ちゃんは、両手の間で積み木を移しかえます。赤ちゃんは手元をみつめながら、右手に持っている積み木を左手に移しかえます。

赤ちゃんが積み木を落とさずに移しかえることができるのは、手元をみつめながら作業をするからです。こうしたことから、みつめる目が移しかえの作業を援護していることがわかります。

⑤7カ月～8カ月

社会性

（1）みつめる目が、人見分けを発動します。

ことば

（2）みつめる目で、音声を確認します。

（3）みつめる目が、声出し遊びを援護します。

（4）みつめる目で、意思や気持ちを伝えます。

手

（5）みつめる目が、適切な把握をすることを援護します。

社会性

(1) みつめる目が、人見分けを発動します

6～7ヵ月頃には、赤ちゃんは見知らぬ人をみると、その人の顔をじーっとみつめた後に泣き出したり、母親にしがみついたりします。母親が抱っこをして「大丈夫よ、ヨシヨシ」と言ってなぐさめると落ち着きます。見知らぬ人がいなくなると、赤ちゃんは安心した表情となって落ち着きます。

さて、こうした行動は、母親を特別な存在として認識するようになったり、人を認識する能力がつくことで出るものです。

人を認識する力が育つと、赤ちゃんは見慣れている人と見知らぬ人とを見分けるようになります。すると、見知らぬ人をみると泣いて母親に助けを求めます。そのとき、愛着を持つ母親になぐさめられると落ち着きます。

ところで、こうした行動は昔から「人見知り」といわれています。しかし、本来人見知りは情緒の発達にともなって出る行動です。1歳半を過ぎると、見知らぬ人をみると親の後に隠れたり、はにかんだりしますが、この行動が「人見知り」です。

6～7ヵ月といえば、やっと母親に対して愛着を持つようになり、母親を第一愛着対象者として特別な思慕を寄せるようになる時期です。情緒の発達はこれからです。したがって、6～7ヵ月頃の赤ちゃんが、見知らぬ人をみたときの行動を人見知りというのは間違いです。

この時期の見知らぬ人をみたときの行動は、母親と家族の人を見分けたり、見慣れている人と見知らぬ人とを見分けることによって出る行動です。こうしたことから、6～7ヵ月頃の赤ちゃんの行動を「人見知り」と称するよりも「人見分け」と称することが適切だと考えます。「人見分け」は、人をみつめることによって起こります。

ことば

(2) みつめる目で、音声を確認します

赤ちゃんは自分の名前を呼ばれると、呼んだ人のほうをさっとふり向きます。また、人の声がすると、声がするほうに視線を向けます。

こうしたことから、みつめる目が音声の確認を援護していることがわかります。

⑶ みつめる目が、声出し遊びを援護します

7～8ヵ月頃になると、赤ちゃんは声出し遊びに興じるようになります。「アブブブ、ウーアーウェーングェ」と、さまざまな音節をつなげてゴニョゴニョとお語りをします。

そして、赤ちゃんはお語りをするとき、自分のお語りの音声にじーっと聞き入ります。赤ちゃんのゴニョゴニョのお語りに耳をすませてみると、さまざまな音節が出ていたり、高い声や低い声が出ていたり、ときには語尾が上がったり、音声が長く出ていたりしていることに気がつきます。こうしたことから、赤ちゃんが自分のゴニョゴニョのお語りの音声に耳を傾けていることが納得できます。

さまざまな音節を出したり、高い声や低い声や音声を長く出したりすることができるのは、呼吸器官の機能が発達し、随意に音声を出せるようになるからです。

赤ちゃんが音声を出すことと、出した自分の音声を聞くことに興味を持つ姿から、この行動を「声出し遊び」と称することが適切であると考えます。

ところで、赤ちゃんは一人でも声出し遊びに興じますが、人が赤ちゃんの目をみつめながら「アブブブ、ウーアーウェーングェ」などと、赤ちゃんの音声を真似して話しかけると、赤ちゃんは一人でゴニョゴニョとお語りをするときよりも活発にお語りをします。つ

まり、みつめる目が声出し遊びに拍車をかけるのです。母親と赤ちゃんがみつめあいながらお語りをしている光景は、まるで対話をしているようです。

ところで、この「声出し遊び」を一般に「喃語《なんご》」と称します。喃語とは、本来わけのわからないことをペチャクチャとしゃべったり、愛しあっている男女がむつまじくささやき語ることです。この時期の赤ちゃんがゴニョゴニョとわけのわからないことを言うので、先人は「喃語」と称するようになったのだと考えます。

しかし、この時期の赤ちゃんが発するゴニョゴニョのお語りの源は、0ヵ月の「アー」「フー」の小さい音声（お語り）です。したがって、この時期のゴニョゴニョのお語りは、0ヵ月の「アー」「フー」のお語りが成長したものです。お語りの音声は呼気音なので、呼吸器官の機能の発達にともなって、音声に変化が生じるのです。

0ヵ月の「アー」「フー」の音声は、1～2ヵ月頃には「アーフーウー」となり、3～4ヵ月頃には「ウニャウニャブーブー、ウェーン」となり、5～6ヵ月頃には「ウーアーングェッフェッ、アーフー」の音声となります。

ところで、赤ちゃんが一日中「声出し遊び」に興ずるのはどうしてでしょうか?

それはゴニョゴニョとお語りをすることによって、脳が快のコンディションになるからです。ゴニョゴニョとお語りをすると、通常よりもたくさん息が吐けます。その分たくさん息を吸うことになるので、呼吸が深まります。呼吸が深まるので快のコンディションに導かれます。この快のコンディションが、声出し遊びを続けさせるのです。

また、この時期は声出し遊びだけでなく、他の場面でも自発的に音声を出します。たとえば、遠くにいる母親に「オーイオーイ」と声をかけたり、遊んでいるおもちゃを取り上げられると、「アッアッ」と声を出したり、食べ物をみつけると「オーオー」と声を出します。赤ちゃんの気持ちが、短い音声に込められます。

こうした音声を出したときに適切な対応を受けると、赤ちゃんは音声で意思や気持ちを伝えることができることを学びます。さらに、「声出し遊び」ではさまざまな音節が出ます。さまざまな音節は口唇や舌や下顎や軟口蓋などの構音器官を動かすことによって、産出されます。構音器官である口唇や舌や下顎や軟口蓋等は、動かせば動かすほど、機能が発達します。その結果、声出し遊びは構音器官の機能の発達をもたらします。赤ちゃんは「声出し遊び」によって、ことばを話すことの準備をすすめるのです。

(4) みつめる目で、意思や気持ちを伝えます

赤ちゃんは、両手に積み木を持って打ちあわせてカチカチと音が出ると、母親のほうをみつめて、目で音が出たことを伝えます。母親が「カチカチって上手ね」と言うと、赤ちゃ

んは納得します。

　また、赤ちゃんはクシャミが出ると、母親をみつめて、目でクシャミにびっくりしたことを伝えます。母親が「クシャミが出たね、びっくりしたね」と笑いながら言うと、赤ちゃんは落ち着きます。

　ピーポーの救急車の音を聞くと、赤ちゃんは母親をみつめて、目でピーポーの音が聞こえることを伝えます。母親が「ピーポーって救急車の音がするね」と言うと、赤ちゃんは納得します。

　また、おやつを一口食べるとニコニコしながら母親をみつめて、目でおいしいことを伝えます。母親が「お菓子おいしいね」と声をかけると、赤ちゃんは落ち着きます。

　また、椅子に腰かけて絵本をみているときに、絵本が手からすべり落ちてしまうと、母親をみつめて、目で絵本をとって欲しいことを伝えます。母親が絵本を拾ってあげると、赤ちゃんはニッコリとします。

　このように、赤ちゃんはみつめる目で自分の気持ちや意思を伝えるようになります。こうしたときに、人々が赤ちゃんの気持ちや意思をくみとって、適切な対応をしてあげると、赤ちゃんは自分の意思や気持ちを人に伝えることができることを学びます。

　この学びは、とても重要です。意思や気持ちを伝えたいという気持ちを育むからです。

手

(5) みつめる目が、適切な把握をすることを援護します

5ヵ月頃までは、わしづかみで物を把握しますが、6ヵ月頃になると、親指と他の指とを対向させて把握するようになります。

たとえば、哺乳びんを親指と他の四指との対向で把握したり、積み木を手掌ににぎり（てのひら全体と伸展した親指とでにぎる）で把握します。こうして、親指と他の指とを対向させて把握するという把握動作がスタートします。

8ヵ月頃になると、親指と人差し指および親指と人差し指・中指とを対向させて把握する把握動作ができます。

たとえば、スプーンは、親指と他の四指とを対向させてにぎります。ピンポン玉は、親指と人差し指・中指とを対向させてつまみます。たまごボーロは、親指と人差し指とを対向させてつまみます。このように、物によって把握の仕方が異なります。つまり、物の形や大きさに適した把握をするようになるのです。

ところで、どうして物の形や大きさに適した把握ができるようになるのでしょうか？

それは、みつめる目が物の形や大きさをとらえて、どのような把握をしたらよいかを判断するからです。

このことは、小さい物の把握においても起こります。11ヵ月頃になると、たまごボーロや豆などは親指と人差し指を伸展させてピンセット様ににぎりをしますが、床の上に落ちている極小のゴミなどは鉗子にぎりをします。このように、小さい物にピンセット様ににぎりをしたり、鉗子にぎりをするのは、みつめる目が大きさをとらえて、適した把握の仕方を判断するからです。

こうしたことから、みつめる目が適切な把握を援護していることがわかります。

⑥9ヵ月〜10ヵ月

社会性

(1) みつめる目が、後追いを先導します。

ことば

(2) みつめる目が、音節の復唱を援護します。
(3) 簡単なことばを理解して、仕草で応答します。
(4) 絵本をみながら、「アーアー」と言います。

手

(5) みつめる目が、まねっこ芸（バイバイ、おつむてんてん等）を発動します。

足

(6) みつめる目が、ハイハイを発動したり、先導します。
(7) みつめる目が、つたい歩きを発動したり、先導します。

社会性

(1)みつめる目が、後追いを先導します

赤ちゃんは一人で遊ぶ時間が長くなり、おもちゃや日用品で夢中になって遊びます。

でも、ご機嫌よく一人遊びをするのは、そばに母親がいるか、離れていても母親の姿がみえる範囲内にあるときです。ちょっとでも母親の姿がみえなくなると、泣き出して探しまわります。このように、母親の存在を意識しながらすごすようになります。そのため、母親がトイレに行くと遊びを中断して、トイレの中までついてきます。こうした後追いは、

6ヵ月頃に母親に愛着を持つようになり、母親への甘えが強くなることによって出ます。後追いをする姿を観察すると、母親の姿を目で追い続けながらハイハイをします。こうした姿から、みつめる目が後追いを先導することがわかります。

ことば

(2) みつめる目が、音節の復唱を援護します

母親が赤ちゃんと対面して「ブーブー」と言うと、赤ちゃんは母親の口元をみつめながら真似をして「ブーブー」と言ったり、「バーバー」と言うと、母親の口元をみつめながら真似をして「バーバー」と言います。

このように、音節の復唱ができるのは、母親が言う音節を聞くことに加えて、母親が音節を言うときの口元の動きをみつめるからです。

もし、赤ちゃんが母親の口元の動きをみつめることができなかったら、赤ちゃんは自分の口唇を母親と同じように動かすことはできません。なぜなら、口元の動きを真似するには、母親の口元の動きをみつめることが前提条件だからです。こうしたことから、みつめ

る目が音節の復唱を援護することがわかります。

(3) 簡単なことばを理解して、仕草で応答します

「おつむてんてんをしてごらん」と言うと、赤ちゃんは手を頭に持っていったり、「いい顔をしてごらん」と言うと、チャーミングないい顔を披露します。このように、簡単なことばを理解して仕草で応答します。

赤ちゃんが仕草で応答するのは、仕草の記憶ができるようになるからです。仕草の記憶ができるのは、繰り返し人の仕草をみつめて学ぶからです。こうしたことから、みつめる目が仕草の記憶に関わっていることがわかります。

(4) 絵本をみながら、「アーアー」と言います

赤ちゃんは絵本をみながら「アーアー」「ダーダー」などと盛んに音声を発します。この「アーアー」「ダーダー」の音声は、赤ちゃんにとっては、ことばならぬことばです。まだことばが言えないので、言える音節を発するのです。

この「アーアー」「ダーダー」の音声は、絵本をみることによって出ます。こうしたことから、みつめる目が「アーアー」「ダーダー」の音声を発動することがわかります。

手

(5) みつめる目が、まねっこ芸(バイバイ、おつむてんてん等)を発動します

この時期になると、「バイバイ」や「おつむてんてん」や「へい(頭を下げる)」などのまねっこ芸をします。

赤ちゃんが「おつむてんてん」や「バイバイ」をする姿はとても可愛らしくて、みる人を楽しませてくれます。「おつむてんてん上手ね」と拍手してほめると、赤ちゃんはニコニコの笑顔になります。そして、ほめられると赤ちゃんは繰り返しおつむてんてんを披露します。

では、まねっこ芸はどのようにしてできるようになるのでしょうか?

「おつむてんてん」を例に述べます。母親が「おつむてんてん」と言いながら頭を軽く叩くと、その様子を赤ちゃんはニコニコしながらみつめます。赤ちゃんがニコニコしながらみつめるので、母親は楽しいのかなと思って、「おつむてんてん」を繰り返します。赤ちゃんは母親の「おつむてんてん」を目をそらさずにじーっとみつめ続けます。母親が「おつむてんてん」をやめると、赤ちゃんがもっとやってとばかりのまなざしを向けてきます。

そこで、母親は赤ちゃんと遊ぶたびに「おつむてんてん」をするようになります。

さて、ある日のこと、母親が「おつむてんてん」と言いながら、いつものように手を頭に持っていったとき、赤ちゃんが手を自分の頭に持っていきました。突然のことに母親はびっくりするやら嬉しいやらで「上手ね、おつむてんてんができたね」と拍手をしてほめました。その後、母親が「おつむてんてん」をするたびに、赤ちゃんは真似をして手を頭に持っていくようになりました。

では、赤ちゃんはどのような経緯をたどって手を頭に持っていくようになったのでしょうか？

母親の「おつむてんてん」の動作をじーっとみつめる↓じーっとみつめることで「おつむてんてん」の動作を学ぶ↓繰り返しみつめることで「おつむてんてん」の動作を記憶する↓母親の「おつむてんてん」をみつめたときに記憶した動作を思い出す↓母親の「おつむてんてん」をみつめながら手を頭に持っていく。

この経緯の主役は、母親の「おつむてんてん」をみつめる目です。こうしたことから、みつめる目がまねっこ芸を発動することがわかります。

足

(6) みつめる目が、ハイハイを発動したり、先導します

赤ちゃんがボールで遊んでいました。ボールをいじくりまわしているとき、ボールが手からすべりおちて、遠くのほうへ転がっていきました。すると、赤ちゃんは遠くにあるボールをみつめながら、ハイハイをしてボールを取りにいきました。

ところで、赤ちゃんにハイハイの行動を発動させたのは、なんでしょうか?

それは遠くにあるボールをみたことにあります。つまり、ボールをみつめた目が、ハイハイの行動を発動させたのです。

また、迷うことなくボールに接近することができたのは、赤ちゃんが遠くにあるボールをみつめながら、ハイハイをしたからです。こうしたことから、みつめる目がハイハイを先導することがわかります。

(7) みつめる目が、つたい歩きを発動したり、先導します

赤ちゃんがテーブルにつかまって、つかまり立ちをしていました。そこに父親がやって

きて、赤ちゃんの向かい側に座りました。赤ちゃんは父親のところに行きたくなりました。そこで、赤ちゃんは父親をめざして、つたい歩きを始めました。赤ちゃんの目は父親に釘づけです。父親をみつめながら、足を運んで父親のところにたどりつきました。

ところで、赤ちゃんにつたい歩きの行動を発動させたのはなんでしょうか？

それは父親をみたことにあります。つまり、父親をみつめた目が、つたい歩きを発動させたのです。

また、父親のところにたどりつくことができたのも、父親をみつめながら足を運んだからです。こうしたことから、みつめる目がつたい歩きを先導することがわかります。

⑦11カ月〜12カ月

社会性

（1）みつめる目が、ほめられることの理解を援護します。

（2）みつめる目が、叱られることの理解を援護します。

ことば

(3) みつめる目が、簡単な要求「ちょうだい」の理解を援護します。
(4) みつめる目が、意味のある音節(ことば)を言うことを発動します。
(5) みつめる目が、指さし行動を発動したり、援護します。

手

(6) みつめる目が、鉗子にぎりを発動します。
(7) みつめる目が、豆落としを援護します。

足

(8) みつめる目が、歩行を発動したり、先導します。

社会性

(1) みつめる目が、ほめられることの理解を援護します

赤ちゃんは、ほめられると同じ動作を繰り返すようになります。

たとえば、赤ちゃんが「おつむてんてん」をすると、人々は相好を崩して「おつむてんてん上手ね」とほめます。また、赤ちゃんが「いい顔」を披露すると、人々はニコニコしながら「いい顔可愛いね」とほめます。ほめられると赤ちゃんは人々に催促されなくても、おつむてんてんやいい顔を繰り返し披露します。

ところで、この時期は、まだ赤ちゃんは「おつむてんてん上手ね」「いい顔可愛いね」などのほめことばが理解できません。それなのに、どうしてほめられることがわかるのでしょうか?

それは、この時期になると、人の表情を察することができるようになるからです。

ほめる人々の表情は、喜びにあふれたニコニコの笑顔です。人々の喜びにあふれたニコニコの笑顔は、赤ちゃんに快い刺激を与えます。快い刺激を与えられると、赤ちゃんは心地よい気分になります。

この心地よい気分の体験から、ほめられることを学びます。赤ちゃんがほめられると同じ動作を繰り返すのは、心地よい気分を求めるからです。再び「おつむてんてん」やいい顔をすれば、ほめられて心地よい気分になることができるだろうと期待を持つからです。

赤ちゃんが「おつむてんてん」をする→人々が相好を崩してほめる→赤ちゃんは人々の喜びにあふれた表情からほめられたことを悟る。こうした経緯から、みつめる目がほめられることの理解を援護していることがわかります。

(2) みつめる目が、叱られることの理解を援護します

好奇心が育った赤ちゃんは、何にでも手を出しては、いじくりまわします。そこで、おいたが出ます。

たとえば、ビニール袋をみつけると、いじくりまわしたり、頭にかぶせてみたり、マジックペンをみつけると床に落書きをしたり、テレビのコードのコンセントを抜いたりします。ときには、回っている扇風機や熱湯の入っているポットにさわろうとします。

こうしたおいたや危険な行動をすると、母親はいつもよりきつい口調で「ダメ」「いけません」と言って行動を制止します。赤ちゃんが「ダメ」「いけません」のきつい口調に驚いてふり向くと、そこには厳しいまなざしをした険しい表情の母親がいます。赤ちゃん

は普段と違った母親の表情をみて、一瞬シュンとなります。

ところで、この時期はまだ「ダメ」「いけません」の叱ることばが理解できません。それなのに、どうして叱られることがわかるのでしょうか？

それは、普段と違った厳しいまなざしと険しい表情から、いつもと違う対応であることを察するからです。すると、赤ちゃんは一瞬シュンとなります。この一瞬シュンとなる体験から、叱られることを学びます。こうしたことから、みつめる目が叱られることの理解を援護していることがわかります。

さて、1歳3ヵ月頃には、赤ちゃんは「ダメ」「いけません」と言われただけで、自分のしている行動を中止するようになります。「ダメ」「いけません」と叱ることは、してよいことと、してはいけないことを教える躾の始まりです。

「ダメ」「いけません」と叱ったときに、赤ちゃんがおいたや危ない行動を中止したら、しっかりとほめることが大切です。なぜなら、ほめられると、赤ちゃんは躾に従うことはよいことであることを学ぶからです。叱ることとほめることはセットであることを念頭において、躾をすることが大切です。

ことば

(3) みつめる目が、簡単な要求「ちょうだい」の理解を援護します

赤ちゃんがおもちゃを持っているとき、母親が「おもちゃちょうだい」と言って、両手を重ねて差し出すと、持っているおもちゃを母親に渡します。また、赤ちゃんがおせんべいを食べているとき、母親が「おせんべいちょうだい」と言って口を開けると、おせんべいを母親の口のところに持ってきます。

この時期は「ちょうだい」のことばの理解はできませんが、「ちょうだい」と要求したときに持っている物をわたすことができるのは、母親の差し出した手や開いた口をみるからです。

こうしたことから、赤ちゃんは母親の行動をみることで「~ちょうだい」の要求を理解することがわかります。つまり、みつめる目が簡単な要求「~ちょうだい」の理解を援護しているのです。

(4) みつめる目が、意味のある音節(ことば)を言うことを発動します

赤ちゃんは「ンマンマ(食べ物)」、「ワンワン(犬)」、「チャイ(捨てること)」、「メン・ダメ(禁止)」などのことばを1つか2つ言うようになります。

ところで、赤ちゃんはどんなときにことばを言うのでしょうか?

赤ちゃんは自動車をみると、自動車を指さして「ブーブー」と言います。また、食卓の上に並んでいる食べ物やお菓子の袋をみると、「ンマンマ」と言います。そして、絵本をみているとき、犬の絵をみると「ワンワン」と言います。

このように、自動車や食べ物やお菓子の袋や犬の絵をみると、ことばを言います。こうしたことから、みつめる目がことばを言うことを発動することがわかります。

(5) みつめる目が、指さし行動を発動したり、援護します

たとえば絵本をみているとき、スプーンの絵を指さして、スプーンをみつけたことを伝えます。また、散歩をしているとき、自動車をみると自動車を指さして、自動車が来たことを伝えます。母親が「ブーブーが来たね」と言うと納得します。テーブルの上にあるお菓子をみつけると、お菓子を指さして、お菓子を食べたい気持ちを伝えます。このように、赤ちゃんは指さしによって、自分の意思や気持ちを伝えます。

ところで、指さし行動において、みつめる目はどんな働きをするのでしょうか？

指さし行動を観察すると、赤ちゃんは指さしをする前に、指さしをする物をみつめます。つまり、指さし行動はみつめた後に出るのです。こうしたことから、みつめる目が指さし行動を発動することがわかります。

また、指さし行動では、みつめる目が指さしをした先をみつめます。たとえば、家族がそろっているとき、「ママはどこ？」と問いかけると、赤ちゃんはママをみつめながらママを指さしします。

もし、赤ちゃんがママをみつめないで、違う方向をみつめながらママを指さししたら、どうなるでしょうか？

ママを指さしてはいますが、赤ちゃんの行動をみた人は、とまどいを覚えます。なぜなら、まなざしには意思や気持ちが込められるからです。

だから、指さし行動では、指さしをした先をみつめるのです。こうしたことから、みつめる目が指さし行動を援護していることがわかります。

(6) みつめる目が、鉗子にぎりを発動します

極小のゴミや米粒などを把握するときは、屈曲した人指し指の指頭と屈曲した親指の指頭とでつまみます（鉗子にぎり）。豆などの小さい物を把握するときは、伸展した親指と伸展した人指し指とでつまみます（ピンセット様にぎり）。

このようにつまみ方が異なるのは、みつめる目がどちらのつまみ方が適切かを判断するからです。こうしたことから、みつめる目が鉗子にぎりを発動することがわかります。

(7) みつめる目が、豆落としを援護します

この時期、豆粒をひとつずつつまんで、ペットボトルの口に落とすという豆落としの遊びをします。

赤ちゃんが確実にペットボトルの口に豆粒を落とすことができるのは、手が器用に使えるようになることもありますが、それ以上にペットボトルの口をみつめながら作業をするからです。こうしたことから、みつめる目が豆落としの作業を援護することがわかります。

足

(8) みつめる目が、歩行を発動したり、先導します

赤ちゃんは遠くにあるおもちゃをみつけました。すると、赤ちゃんは遠くにあるおもちゃをみつめながら、歩いておもちゃを取りに行きました。

何が赤ちゃんに歩行の行動を起こしたのでしょうか？

それは遠くにあるおもちゃをみたことです。つまり、おもちゃをみつめた目が歩行を発動したのです。

では、どうしておもちゃに接近することができたのでしょうか？

それは、赤ちゃんがおもちゃをみつめながら歩行したからです。すなわち、みつめる目が歩行を先導したのです。

ところで、みつめる目が歩行を先導することは認識されています。

たとえば、歩いているときに、子どもが何かにつまずいて転ぶと、大人は「しっかりみて歩きなさい」と注意します。また、平均台の上を渡るときには、足下をみつめて歩きます。暗い夜道を歩くときは、懐中電灯で足下を照らします。いずれの行動も、みつめる目

が歩行を先導することを認識することによって出る行動です。

⑧1歳1カ月～1歳3カ月

社会性

（1）みつめる目が、つかまえごっこの遊びを先導します。

（2）子どもの行動に大人が反応すると、ニコニコと笑います。

ことば

（3）みつめる目が、ことばの学習を発動します。

（4）みつめる目が、探索行動を発動したり、援護します。

手

（5）みつめる目が、道具の使い方を学ぶことを援護します。

（6）みつめる目が、輪投げの棒に輪を入れることを援護します。
（7）みつめる目が、おもちゃをおもちゃ箱に片づけることを先導します。

社会性

（1）みつめる目が、つかまえごっこの遊びを先導します

子どもの背後から、母親が「待て待て、つかまえちゃうぞ」と言いながら追いかけると、子どもは「キャッキャッ」と歓声をあげて逃げます。そして少し逃げた後、ふり向きます。ふり向いたとき、母親が目をみつめながら「待て待て」と言うと、子どもは再び逃げます。これがつかまえごっこの遊びです。

子どもは、母親と目があうと逃げるという行動を繰り返します。母親が立ちどまると、「待て待てをやってちょうだい」の期待を込めたまなざしを母親に向けます。こうしたことから、みつめる目がつかまえごっこの遊びを先導することがわかります。

(2) 子どもの行動に大人が反応すると、ニコニコと笑います

積み木遊びの場面で、大人が積み木を高く積み上げると、子どもが手を伸ばして崩します。そのとき、大人が「アレレ！」と言いながら両手を広げて驚くと、子どもはニコニコと笑います。再び大人が積み木を高く積み上げると、子どもが調子にのって、積み木を崩しにきます。

また、ラッパ吹きの場面で、子どもがプーとラッパを吹けたとき、「わぁー！ プーとなった、すごい！」と目を丸くして拍手すると、子どもは調子にのって再びラッパを吹きます。このように、子どもは自分がしたことに大人が反応すると、ニコニコと笑ったり、調子にのって同じことを繰り返し行います。

ところで、どうして自分の行動に大人が反応していることがわかるのでしょうか？

それは、大人の行動をみるからです。つまり、積み木遊びでは大人が両手を広げて驚きました。ラッパ吹きでは目を丸くして拍手をしました。これらの行動をみることで、大人が反応したことを理解するのです。こうしたことから、みつめる目が大人の反応を理解することを援護していることがわかります。

ことば

(3) みつめる目が、ことばの学習を発動します

「これはなあに?」の指さしが盛んに出ます。

絵本をみているとき、次から次へと「これはなあに?」と絵を指さしします。たとえば、象の絵を指さしたときに「それは象さんよ。お鼻をブーランブーランってふるのよ」と答えると、間を置かずに、ライオンの絵を指さしします。「それはライオンさんよ。ガオーって鳴くのよ」と教えると、続けて、ペンギンの絵を指さしします。また、食事のときにはコップやスプーンや食べ物を順次指さしします。自分の手や足や目や口などを次から次へと指さしします。

この時期になると、ことばを学ぶことに意欲を持つようになります。すると、見た物の名称を学びたくなります。そこで「これはなあに?」を連発するようになります。

子どもが物の名称を学びたいという気持ちになるきっかけはなんでしょうか?

それは物をみることにあります。子どもは物をみると、見た物の名称を学びたくなるのです。こうしたことから、みつめる目がことばの学習を発動することがわかります。

(4) みつめる目が、探索行動を発動したり、援護します

この時期は、知的好奇心が旺盛になるので、探索行動が盛んに出ます。子どもは興味あるものをみつけると、手に取っていじくりまわしたり、なめたりします。

たとえば、新聞の束をみつけるとバラバラにしたり、新聞を破ったり、もみくちゃにします。ハンドクリームの容器をみつけると、手に取ってながめたり、ふたを開けたり、クリームにさわったりします。さわると手がクリームでべとべとになります。また、カバンをみつけると、カバンをいじくりまわしたり、小物を取り出して散らかしたりします。そこで、母親が「カバンの中にナイナイしようね」と声かけして、子どもに小物をカバンに収納させます。これらの行動は、知的好奇心がなせる探索行動です。

ところで、探索行動は、何によって起こるのでしょうか？

探索行動を観察すると、子どもは物をみつけると、「これは何かな？」の探索を始めます。つまり、みつめる目が探索行動を発動するのです。探索するとき、みつめる目は観察する目となり、探索を助けます。こうしたことから、みつめる目が探索行動を援護していることがわかります。

ところで、探索行動はことばの学習をもたらします。

子どもが新聞を探索しているとき、「新聞をビリビリって破ってはダメよ。きれいにたたんで、お片づけしようね」と声をかけられます。ハンドクリームの容器を探索しているとき、「おててがべとべとになってしまったね、これはメンなのよ、ティッシュペーパーで拭き取りましょうね」と声をかけられます。また、カバンの中味を探索しているとき、「カバンに財布やハンカチやティッシュペーパーをお片づけしようね」と声をかけられます。

このように、探索行動では、おもちゃで遊んだり、普段の生活ではかけられなかったことばをかけられます。そこで、子どもはいろいろなことばを学ぶことになります。探索行動は、ことばを学ぶうえでも大切な行動なのです。

では、この時期に、どれくらいのことばがわかるようになるのでしょうか?

1歳3ヵ月頃に言えることばは数語ですが、その何十倍ものことばがわかっています。1歳4ヵ月頃には、口や耳や目や頭などのことばがわかるようになり、「口はどこ?」「耳はどこ?」と尋ねると、口や耳を指さします。1歳5ヵ月頃には、絵本をみているとき「リンゴはどれ?」と尋ねると、数ある食べ物の絵の中からリンゴの絵を指さします。また、「犬はどれ?」と尋ねると、数ある動物の絵の中から犬の絵を指さします。このように、この時期になると聞き慣れていることばがわかるようになります。

(5) みつめる目が、道具の使い方を学ぶことを援護します

まだ上手にスプーンを使うことはできませんが、なんとかスプーンを使って食べるようになったり、こぼしますが、コップを持ってジュースを飲むようになります。

スプーンやコップは道具です。これらを使うようになるということは、道具を使い始めるということです。

ところで、道具には使い方があります。では、この時期の子どもは、道具の使い方をどのようにして学ぶのでしょうか？　それは、動作模倣の術です。

動作模倣の術で学ぶには、人が道具を使っている様子をみることと、子どもが実際に道具を使う体験をすることが必須です。

では、それはどんなときでしょうか？　人がスプーンを使っている様子をみるチャンスは、離乳食を食べるときです。母親はスプーンを使って離乳食を食べさせるので、赤ちゃんは離乳食を食べるたびに母親がスプーンを使っている様子をみます。離乳食は6ヵ月頃から始まり1歳頃まで続くので、半年余りにわたって、母親がスプーンを使う様子を毎日

何十回とみることになります。

実際に道具を使う体験についても、体験をするチャンスがたくさんあります。赤ちゃんは母親がスプーンを使って食べさせるときに、母親の手に自分の手を添えたりします。また、母親は赤ちゃんにスプーンをにぎらせて、赤ちゃんの手を介助しながら、スプーンを使うことを体験させます。

こうして、子どもにスプーンを使うことの素地が整えられます。素地が整えられ、手が発達することによって、スプーンやコップを使うことができるようになるのです。こうしたことから、人が道具を使っている様子をみつめる目が、道具の使い方を学ぶことを援護していることがわかります。

1歳後半になると、洗面道具や食器や掃除道具などの道具を使うようになりますが、これらの道具の使い方もスプーンやコップの使い方を学んだときと同じように、みつめる目の援護により、動作模倣の術で学びます。

(6) みつめる目が、輪投げの棒に輪を入れることを援護します

この時期は、まだ輪投げ遊びはできませんが、輪投げの棒の前に立って、輪を棒に入れる遊びをします。子どもが輪を棒に入れことができると、人々は「入った、入った、上手

ね」と拍手をしてほめます。人々がほめるので、子どもは得意になって次から次へと輪を棒に入れます。

ところで、どうして子どもは正確に輪を棒に入れることができるのでしょうか?

それは、棒をじーっとみつめながら輪を棒に入れるからです。こうしたことから、みつめる目が輪を棒に入れる作業を援護していることがわかります。

(7) みつめる目が、おもちゃをおもちゃ箱に片づけることを先導します

子どもが遊んだ後は、おもちゃが部屋中に散乱します。

そこで、母親が「おもちゃをナイナイしようね」とお片づけの指示を出します。でも、子どもはお片づけをしようとしません。すると、母親は「ママと一緒にお片づけをしようね」と、ぬいぐるみのパンダを拾い上げて子どもに手渡し、「おもちゃ箱にナイナイしようね」と言って、おもちゃ箱まで誘導してぬいぐるみのパンダをおもちゃ箱に入れさせます。続けて、自動車を子どもに手渡し、「自動車をおもちゃ箱にナイナイしてごらん」と言って、おもちゃ箱のところに誘導して自動車をおもちゃ箱に入れさせます。

こうして一緒にお片づけを進めているうちに、子どもが自らおもちゃを拾い上げては、おもちゃ箱に入れるようになります。

ところで、どうしておもちゃをおもちゃ箱に入れることができるのでしょうか?

子どもはおもちゃを拾い上げると、おもちゃ箱をみつめながら、おもちゃ箱まで移動します。そして、おもちゃ箱をみつめながら持っているおもちゃをおもちゃ箱に入れます。

子どもは移動するときも、おもちゃをおもちゃ箱に入れるときも、おもちゃ箱をみつめています。こうしたことから、みつめる目がおもちゃをおもちゃ箱に片づけることを先導していることがわかります。

⑨1歳4カ月～1歳6カ月

社会性

(1)みつめる目が、人形やぬいぐるみに働きかける遊びを援護します。
(2)みつめる目が、動作模倣を発動したり、援護します。

ことば

（3）みつめる目が、ことばを言うことを発動します。

（4）みつめる目が、言われたものを探すことを援護します。

手

（5）みつめる目が、○△□の型はめパズルの遊びを援護します。

（6）みつめる目が、積み木を5つ積むことを先導します。

社会性

（1）みつめる目が、人形やぬいぐるみに働きかける遊びを援護します

子どもは人形を抱っこしてオッパイを飲ませたり、ぬいぐるみのクマさんにおやつを食べさせたりします。その姿はとても微笑ましくて、みる人を和ませます。ところで、どうして子どもは人形やぬいぐるみに働きかける遊びをするのでしょうか？

それは、この時期になると、日常的な生活体験を記憶することができるようになったり、記憶した生活体験を思い浮かべて、再現することができるようになるからです。

子どもが人形を抱っこして、オッパイを飲ませる行動は、これまで母親に抱っこされてオッパイを飲ませてもらった体験の再現です。また、ぬいぐるみのクマさんにおやつを食べさせる行動は、これまで母親におやつを食べさせてもらった体験の再現です。

ところで、子どもが生活体験を再現するには、人の行動をしっかりと観察することが求められます。この観察の仕事をするのが、みつめる目です。子どもはオッパイを飲みながら、母親がオッパイを飲ませる行動を観察したり、おやつを食べながら、母親がおやつを食べさせる行動を観察します。こうしたことにより、みつめる目が人形やぬいぐるみに働きかける遊びを援護していることがわかります。

この時期のこれらの遊びは、子どもが自発的に他者と関わろうとする行動です。したがって、これらの遊びは対人関係の成長の証しととらえることができます。

(2) みつめる目が、動作模倣を発動したり、援護します

テレビの子ども番組で、お姉さんの手遊び歌をみると、子どもはお姉さんの手の動きを真似して手を動かします。また、父親の腕組みをみると、真似をして腕組みをしたり、母

親がペンで書きものをしている様子をみると、真似をしてペンでいたずら書きをしたりします。このように、人の動作を瞬時に真似するようになります。その仕草はとても愛らしくて、笑いを誘います。

ところで、どうして人の動作を模倣するのでしょうか？

それは、人の動作に知的好奇心を持つからです。すなわち、人が何をしているかを知りたくなるため、人がしていることと同じことをするのです。

では、人の動作に知的好奇心を持つきっかけはなんでしょうか？

それは、人の動作をみることです。人の動作をみる↓人が何をしているか知りたくなる↓人の動作を模倣するという流れです。こうしたことから、みつめる目が動作模倣を発動することがわかります。

人の動作を模倣するには、人の動作をしっかりと観察しなければなりません。この観察の仕事をするのが、みつめる目です。こうしたことから、みつめる目が動作模倣を援護していることがわかります。

さて、人の動作を観察するときには、その動作をじーっとみつめます。みつめる目は、動作を観察しながら、人を受け入れる窓口としての機能もします。その結果、動作の観察を通して、その人と関わることになります。こうしたことから、動作模倣は社会性の発達に寄与する行動であることがわかります。

ことば

(3) みつめる目が、ことばを言うことを発動します

この時期は、子どもによって言えることばの数には差がありますが、意味のあることばを10くらい言います。

たとえば、動物の絵本をみているとき、犬の絵をみると犬の絵を指さして「ワンワン」と言います。母親が「パンを食べようね」と言ってパンを差し出すと、パンをみて「パン」と言います。また、帰宅したパパをみると、嬉しそうに「パパ、パパ」を連発します。父親はパパと言われると嬉しくなって、つい抱き上げてしまいます。また、おもちゃの自動車を左右に動かしながら「ブーブー」と言ったり、大人がバイバイと手をふると、子どもも手をふりながら「バーバー」と言います。このように、いろいろな場面で、意味のあることばを言います。

では、どんなときに意味のあることばを言うのでしょうか？

子どもは犬の絵をみると「ワンワン」と言い、パンをみると「パン」と言い、父親をみると「パパ」と言い、自動車をみると「ブーブー」と言います。つまり、人や物をみることが、ことばを言うきっかけとなっていることがわかります。こうしたことから、みつめる目がことばを言うことを発動していることがわかります。

(4) みつめる目が、言われたものを探すことを援護します

子どもが動物の絵本をみているとき、「象はどれ?」と尋ねると、いくつかある動物の絵の中から象の絵を探し出して、指さしをします。また、身のまわりものの絵本をみているとき、「ズボンはどれ?」と尋ねると、いくつかある絵の中からズボンの絵を探し出して、指さしをします。

この探し出す仕事をするのは、みつめる目です。こうしたことから、みつめる目が言われた物を探す作業を援護していることがわかります。

この時期は、子どもが言うことばの数は限られますが、絵本をみながら「~はどれ?」と尋ねると、子どもが普段言っていることば以外のものも指さしします。こんなことばをいつ覚えたのかと驚かされますが、大人が思っている以上のことばを知っています。

実は、子どもは普段言っていることばの数十倍のことばを知っています。調査によれば、

2歳で300くらいのことばを知っているとされています。

手

(5) みつめる目が、○△□の型はめパズルの遊びを援護します。

○△□の型はめパズルのおもちゃがあります。1歳2ヵ月頃は○型しかはめられませんでしたが、この時期になると、△型や□型もはめられるようになります。うまくはめられないときは、何回もはめ直して、該当する箇所を探します。慣れてくると、とまどうことなく同じ形のところにはめます。

○△□の型はめパズルの遊びができるのは、同じ形を探すことができるようになるからです。同じ形を探す仕事をするのは、みつめる目です。こうしたことから、みつめる目が型はめパズルの遊びを援護していることがわかります。

(6) みつめる目が、積み木を5つ積むことを先導します

母親が積み木を5つ積み上げた後に、積み木を子どもに手渡すと、子どもは真似をして

5つ積み上げます。積み木を積むときは目をこらしてみつめながら、慎重に積みます。積み木が転げ落ちないことがわかると、フーッと小さな息を吐きます。

これほど集中してみつめながら手を動かす姿は、他の遊びではみられない姿です。1歳4ヵ月で積み木を3つ、1歳6ヵ月で積み木を5つ積み上げます。

ところで、積み木を積むことは手の作業とされていますが、目をこらしてみつめながら積むからこそ、転げ落ちないように積み上げることができるのです。こうしたことから、みつめる目が積み木を積むことを先導していることがわかります。

⑩1歳7カ月〜1歳9カ月

社会性

(1) みつめる目が、大人と一緒に家事をすることを援護します。

(2) みつめる目が、「〜をとってきてちょうだい」のお手伝いを援護します。

ことば

(3) みつめる目が、ことばの理解を援護します。

(4) みつめる目が、「これはなに?」を発動します。

(5) みつめる目が、「目」「口」「耳」「頭」「手」「足」のことばの学習を援護します。

(6) みつめる目で、「グー・チョキ・パー」を学び、指示に従って出します。

手

(7) みつめる目が、目と手の協応を促す遊びを援護します。

(8) みつめる目が、1ページずつめくる作業を援護します。

社会性

(1) みつめる目が、大人と一緒に家事をすることを援護します

母親が皿洗いをしていると、そのかたわらで子どもがスポンジたわしを使ってゴシゴシと皿を洗ったり、母親が掃除機をかけていると、子どもがノズルに手をかけて一緒に掃除機を動かしたりします。また、母親が洗濯物を干していると、子どもがカゴの中からハンカチや靴下を取り出して手渡してくれたり、洗濯バサミを手渡してくれたりします。このように、台所仕事や掃除や洗濯などの家事を一緒にやりたがるようになります。

子どもが作業をしている動作を観察すると、母親が作業をするときの動作とそっくりで、母親の動作をよくみているなあと感心します。しかも子どもは嬉々として作業をします。

ところで、子どもは家事の作業を、どのようにして学ぶのでしょうか?

それは、動作模倣の術です。動作模倣の術によって学ぶので、子どもの動作は母親の動作とそっくりになります。動作模倣において、みつめる目は母親の動作を観察する目となります。こうしたことから、みつめる目が家事を一緒にすることを援護していることがわかります。

ところで、母親と一緒に家事をすることで、母親との関わりが生じます。子どもが嬉々として作業をする姿から、作業を通して母親と関われることを喜んでいることが伺えます。

(2) みつめる目が「〜をとってきてちょうだい」のお手伝いを援護します

父親が「新聞をとってきてちょうだい」と指示すると、子どもは新聞を探し出して父親のところに持っていきます。父親が「ありがとう、おりこうさん」と言って頭をなでると、嬉しそうにニコニコします。その後も、「とってきてちょうだい」を言ってくれないかなという期待を込めたまなざしを大人に向けます。そこで、母親が「ミカンをとってきてちょうだい」と指示すると、いそいそとミカンを取りにいきます。このように、「〜をとってきてちょうだい」の指示を理解して行動します。

では、子どもは「〜をとってきてちょうだい」と頼まれたとき、少しも嫌な顔をしません。それどころか、喜んで言われた物を探し出して持っていきます。

ところで、どうして子どもは言われた物を喜んで持っていくのでしょうか?

それは、物を持っていくことによって、指示を出した人と関わることができるからです。子どもは人と関わることが楽しいのです。つまり、子どもは人と関わるチャンスを待っているのです。そこで、「〜をとってきてちょうだい」と指示されると、チャンス到来とばかりに喜んで行動するのです。

ところで、このとき、みつめる目はどんな働きをするのでしょうか？

それは、言われた物を探すことです。言われた物を探すことができなくては、言われた物を持っていくことはできません。こうしたことから、みつめる目が「〜をとってきてちょうだい」のお手伝いを援護していることがわかります。

ことば

(3) みつめる目が、ことばの理解を援護します

母親が「お風呂に入るよ」と言うと、子どもは風呂場に行って待っていたり、母親が「これからお出かけするよ」と言うと、子どもは遊びを中断して玄関に行って待っています。このように、簡単なことばを理解して適切な行動をします。

では、「お風呂に入るよ」のことばだけで、入浴することが理解できるかというと、それは難しいです。大人は「お風呂に入るよ」と言いながら、入浴の仕度をします。その入浴の仕度をする行動をみて「お風呂に入るよ」のことばを理解するのです。

また、「お出かけするよ」と言いながら、大人がお出かけの仕度をします。そのお出かけの仕度をする行動をみて「お出かけするよ」のことばを理解するのです。

このように、簡単なことばを大人の行動をみることによって理解します。こうしたことから、みつめる目がことばの理解を援護していることがわかります。

(4) みつめる目が、「これはなに?」を発動します

1歳半頃になると、物には名称があることを知ります。すると、いろいろな物の名称を学びたくなり「これはなに?」を連発するようになります。

たとえば、食卓についたときには、パンを指さして「これはなに?」と言います。「それはパンよ」と答えると、続けて、目玉焼きを指さして、「これはなに?」と言います。「それは目玉焼きよ」と答えると、さらにサラダを指さして「これはなに?」と言います。「それはサラダよ、さあ食べようね」と言うと、やっと、子どもは食べ始めます。

また、玄関に立ったときには、靴を指さして「これはなに?」と言います。「それは靴よ」と答えると、まわりを見まわしてカサを指さして「これはなに?」と言います。「それはカサよ、雨が降ったときにさすのよ」と答えると、すかさず、花を指さして「これはなに?」と言います。「それはチューリップの花よ、きれいね」と答えると、やっと子どもが落ち

つきます。

このように次から次へと「これはなに？」を連発する行動から、子どもがどんなに物の名称を学びたがっているかが推察できます。

ところで、子どもが「これはなに？」と言うきっかけはなんでしょうか？

それは物をみることにあります。子どもは物をみると、みた物の名称を学びたくなるのです。つまり、みつめる目が「これはなに？」を発動するのです。

(5) みつめる目が、「目」「口」「耳」「頭」「手」「足」のことばの学習を援護します

母親が「おめめはどこ？」と尋ねると、子どもは自分の目を指さしたり、「頭はどこ？」と尋ねると、自分の頭に手を持っていきます。

このように、身体の部位の名称で「目」「口」「耳」「頭」「手」「足」がわかるようになり、尋ねると言われた部位をさし示します。

また、この時期は、「おんも行く」「ジュースちょうだい」「パパかいしゃ」などの二語文を話す子どももいれば、単語を数えるほどしか話さない子どももいたりと、発語の発達にバラつきがあります。

ことばの理解がどの程度進んでいるかが判断しにくい時期ですが、「目」「口」「耳」「頭」

「手」「足」をさし示すことができれば、順調に進んでいるとみることができます。

ところで、子どもは「目」「口」「耳」「頭」「手」「足」の名称をどのようにして学ぶのでしょうか？

目や口や耳については、母親が自分の目や口や耳などを指さしながら「目」「耳」「口」と教えます。手については、「手をつないで歩こうね」と言って手を差し出したり、足については「汚れた足をきれいにしようね」と言って足を洗ったりします。

このように生活の中で、子どもは「目」「口」「耳」「頭」「手」「足」をみながら、これらのことばを学びます。つまり、みつめる目と聞く耳でことばを学ぶのです。本来ことばは聞いて学ぶものですが、幼少期はみつめる目が、ことばを聞いて学ぶことを援護します。

(6) みつめる目で、「グー・チョキ・パー」を学び、指示に従って出します

子どもに「おててをグーしてごらん」と指示すると、子どもはしばらく考えてから、手指を屈曲させて「グー」をつくります。「グーができたね、おりこうさん」とほめてから、「次はおててをパーしてごらん」と指示すると、子どもはしばらく考えてから、手指を伸展させて「パー」をつくります。「パーもできたね、おりこうさん」とほめてから、「じゃあチョキを出してごらん」と指示すると、おもむろに人差し指と中指を伸展させてチョキをつく

ります。このように指示に従って「グー・チョキ・パー」が出せるようになります。

ところで、どうして指示に従って「グー・チョキ・パー」が出せるようになるのでしょうか？

それは「グー・チョキ・パー」の手指の動きを、動作模倣の術によって学んだからです。

手遊び歌には「グー・チョキ・パー」の手指の動きが登場します。子どもは大人と一緒に手遊び歌を楽しみながら、大人の「グー・チョキ・パー」の手指の動きをみて真似をします。子どもはみて、真似をすることで「グー・チョキ・パー」の手指の動きを学びます。

初めはスムーズに真似をすることができません。すると、大人はグーとにぎった手をみせながら、「グーってにぎってごらん」と繰り返し教えます。そこで、子どもはグーとは手指をにぎる動作であることを学びます。チョキもパーも同様にして学びます。

つまり、みつめる目で「グー・チョキ・パー」の手指の動きと、「グー・チョキ・パー」のことばを学ぶのです。もし、大人のグーとにぎった手指をみることがなく、「グーとはにぎった手のことです」ということばの説明だけだったら、グーが手指を屈曲してにぎる動作であることを理解することができません。

さて、「グー・チョキ・パー」は、手の動きを表わすことばです。子どもは「グー・チョキ・パー」のことばに限らず、さまざまな動きを表わすことばを学びますが、動きを表わすことばは「グー・チョキ・パー」と同様に、実際に体験したり、人の動作をみることによって学びます。

たとえば、「食べる」ということばは、ごはんを食べる体験をしたり、ごはんを食べる様子をみることで学びます。また、「洗う」ということばは、実際に手を洗ったり、野菜や衣服を洗ったりする様子をみることで学びます。こうしたことから、みつめる目がことばを学ぶことを援護していることがわかります。

手

(7) みつめる目が、目と手の協応を促す遊びを援護します

この時期は、シール貼りや木玉通しやはめ込みボックスやはめ絵など、目と手の協応を促す遊びをします。

子どもは一心不乱にこれらの遊びに興じます。これらの遊びをしているとき、子どもは長い時間みつめるべきものをじーっとみつめながら手を動かします。

たとえば、シール貼りでは、シールを貼るべきところをじーっとみつめながら、シール

を貼ります。木玉通しでは、木玉の穴をじーっとみつめながら、穴にひもを通します。もしシールを貼るところをじーっとみつめることをしなかったら、シールを貼るべきところに貼ることができません。もし木玉の穴をじーっとみつめることをしなかったら、ひもを木玉の穴に通すことはできません。こうしたことから、みつめる目が、目と手の協応を促す遊びを援護していることがわかります。

ところで、目と手の協応動作は2歳頃になってから出るものと考えられていますが、実は、3ヵ月頃のみつめた物（ガラガラ等）に手を伸ばす動作やハンドリガードが、目と手の協応動作のスタートです。

(8) みつめる目が、1ページずつめくる作業を援護します

子どもは絵本をみているとき、絵本のページを1ページずつめくります。子どもは数ページまとめてめくったことに気がつくと、1ページずつめくり直します。

1ページずつめくることができるのは、指先が器用に使えるようになるからですが、1ページずつめくれているかどうかを判断するのは、みつめる目です。

一度に2～3ページめくると、これではダメだとめくり直しますが、これを判断するのはみつめる目です。こうしたことから、みつめる目が1ページずつめくる作業を援護して

いることがわかります。

⑪1歳10カ月〜2歳

社会性

（1）みつめる目で、友だちと関わります。

（2）みつめる目で、共感を求めます。

ことば

（3）みつめる目が、単語を言うことを発動します。

（4）みつめる目が、会話を援護します。

（5）みつめる目で、「ひとつ」を学びます。

（6）みつめる目で、「同じ」を学びます。

手

(7) みつめる目が、ボタンをはずすことを援護します。

(8) みつめる目が、手洗いを援護します。

(9) みつめる目が、ピンセットで小さい物をはさんだり、移しかえる作業を援護します。

社会性

(1) みつめる目で、友だちと関わります

子どもは同じ年頃の友だちが近づくと喜んだり、少し大きい子どもが遊んでいると、遊ぶ様子をあきもせずながめたりします。こうした姿から、子どもの人との関わりが、親から友だちへと広がっていることが伺えます。

関わりが広がっているからといって、まだ友だちと一緒に遊ぶことはできません。自分のおもちゃに友だちが手を出すと、自分のおもちゃをかかえこんでしまったり、友だちが

気にいらないことをすると、癇癪を起こします。

このように、友だちと一緒に遊ぶことは難しいですが、友だちがしていることをよくみつめては真似をします。

たとえば、友だちがソファーの上でピョンピョン飛び跳ねると、真似をしてソファーに乗って足をバタバタ動かします。また、友だちがスコップで砂をすくって器に入れると、真似をして砂をつかんで器に入れたり、友だちがテレビをみていると、横に並んでテレビをみたりします。このように、友だちの行動を真似します。

この時期は、友だちをみたり、友だちが遊んでいる様子をみたりするだけで、子どもは友だちとの関わりを覚えて満足します。つまり、みつめる目で友だちと関わるのです。

もう少し先になると、おもちゃの貸し借りを

したり、ことばをかわしながら友だちと遊ぶようになります。

(2) みつめる目で、共感を求めます

公園の池をながめているとき、大きな鯉がボチャーンと飛び跳ねると、子どもはびっくりしてさっと母親のほうをみます。母親が子どもの気持ちを受けとめて「魚がボチャーンして、びっくりしたね」と驚きながら言ってあげると、子どもは母親に自分のびっくりした気持ちがわかってもらえたことを覚えて納得します。

また、積み木で遊んでいるとき、トンネルをつくったり、高く積み上げることができると、子どもはがんばってうまくできたことを伝えたくて母親のほうをみます。母親が子どもの気持ちを受けとめて「うまくできたね、がんばったね」と嬉しそうに話すと、子どもは母親に積み木をうまく積めたことと、がんばりをわかってもらえたことを覚えて満足します。このように、子どもは自分の気持ちに共感してもらうことを求めるようになります。

さて、共感を求めるときは、自分の気持ちを相手に伝えなければなりません。この時期は、ことばで自分の気持ちを伝えることはできません。

そこで、子どもは自分の気持ちや感動をまなざしで伝えます。このときのみつめる目は、気持ちや感動を伝える目となります。

ことば

(3) みつめる目が、単語を言うことを発動します

人が言うことはわかるのに、話すことばの数が増えないことが心配だった子どもも、この時期になると、爆発的に単語を言うようになり、日に日に言える単語が増えていきます。

では、どんなときに単語を言うのでしょうか?

たとえば、外出のときに「帽子」と言って、帽子をかぶることを催促したり、ジュースが飲みたいときに、冷蔵庫の前に立って「ジュース」と言ったり、外に行きたいときに、玄関のほうを指さしながら「おんも」と言ったりします。発音は不明瞭で赤ちゃんことばですが、単語ひとつで子どもの気持ちや意思がわかります。

このように、さまざまな場面で単語を言うようになり、絵本をみているときや興味のあるものをみたときにも、ポンポンと単語が出ます。

たとえば、絵本をみているとき、次々と絵を指さしては単語を言います。自動車の絵をみると「自動車」と言い、続けて新幹線の絵をみると「新幹線」と言い、さらに続けて飛行機の絵をみると「飛行機」と言います。また、動物の名称も覚えて、象の絵をみると「象」

と言い、続けてライオンの絵をみると「ガオー」と言い、犬の絵をみると「犬」と言います。身のまわりの物の名称も言うようになり、ジュースを飲むときはコップをみて「コップ」と言ったり、靴をはくときは靴をみて「靴」と言ったり、ズボンをはくときはズボンをみて「ズボン」と言ったりします。

このように、絵や物をみると、子どもの口からポンポンと単語がでます。こうしたことから、みつめる目が単語を言うことを発動することがわかります。

(4) みつめる目が、会話を援護します

単語にまじって、二語文が出るようになります。二語文では名詞だけではなく、動詞や形容詞も出ます。

たとえば、これまではジュースが欲しいこともジュースを飲むことも、ジュースがおいしいことも「ジュース」という単語で言い表しましたが、二語文が出るようになると、ジュースが欲しいときは「ジュースちょうだい」、ジュースを飲むときは「ジュース飲む」、ジュースがおいしいことは「ジュースおいしい」と言うようになります。

さらに、この時期は「アンヨが痛い」、「お花がきれい」などと、二語文に助詞が入るようになります。また、「僕のお名前はなんというの?」と尋ねると、子どもは「~です」

とフルネームで答えます。

こうしたことばの発達は、子どもにことばによってコミュニケーションをとることができる喜びを体験させます。この喜びはことばを話す原動力となり、おしゃべりに拍車をかけます。また、子どもの話に、名詞だけではなく形容詞や動詞が加わることで、子どもの話したいことがよくわかるようになるので、子どもとの会話が楽しくなります。

では、2歳近くになると、どのような会話ができるようになるのでしょうか？　公園で遊んだ後の母親と子どもの会話を紹介します。

子どもは公園から帰宅して、おやつを食べています。母親が「楽しかったね。公園で誰と遊んだの？」と尋ねると、子どもは「ナナちゃんと遊んだ」と答えました。次に母親が「ナナちゃんと何をして遊んだの？」と尋ねると、子どもはしばらく考えた後に「お砂で遊んだ。お砂トントンした」と答えました。母親が「そうだったね。ナナちゃんとお砂トントンしてご飯をつくったわね。またナナちゃんと遊ぼうね」と言うと、子どもはニッコリと笑って「うん」とうなずきました。

それから、思い出したように子どもが「ナナちゃんエーンエーンした」と言いました。母親は「よく覚えているわね。ナナちゃんが転んで『痛い、痛い』と言って泣いていたね」とあいづちを打ちました。続けて、「ママと何をして遊んだの？」と尋ねると、子どもは

「ブランコやった」と答えました。母親が「ブーランブーランっておもしろかったね、またブランコやろうね」と言うと、子どもは「うん」とうなずきました。そしておやつを食べながら、子どもは「ママ、クッキーおいしい。ジュースちょうだい」と言いました。その後も母親と子どもの会話が続きました。

ところで、会話において、みつめる目はどのような働きをするのでしょうか?

母親は子どもに話しかけるとき、母親をみつめながら話を聞きます。そして、子どもは母親の話を聞くとき、母親の目をみつめながら話します。母親は子どもの話を聞くとき、子どもをみつめながら話を聞きます。つまり、母親と子どもは互いにみつめあいながら、話をしたり話を聞くことになります。

みつめる目は人を受け入れる窓口なので、みつめあうことで、子どもと母親との間に関わりが生じます。つまり、みつめる目は子どもと母親とをつなぐパイプの役目をするのです。子どもの話はそのパイプを通して母親に届けられ、母親の話はパイプを通して子どもに届けられることになります。こうしたことから、みつめる目が会話を援護していることがわかります。

(5) みつめる目で、「ひとつ」を学びます

子どもがビスケットを食べているとき、母親が「ビスケットをひとつちょうだい」と言って手を差し出すと、子どもはビスケットをひとつ母親のてのひらにのせます。子どもが友だちにおもちゃを貸さずにかかえこんでいるとき、母親が「おもちゃをひとつ貸してあげなさい」と言うと、子どもは友だちにおもちゃをひとつ差し出します。

ところで、子どもはどのようにして、数詞の「ひとつ」を学ぶのでしょうか？

それは、ひとつの物をみることです。

たとえば、友だちとおやつを食べるときに、母親が「ひとつずつね」と言って、お菓子をわけます。また、子どもがお菓子を食べ終わって「もっとちょうだい」とおねだりしたとき、母親は「ひとつだけね」と言ってお菓子をひとつ与えます。こうした体験をとおして、つまり実際にひとつの物をみることで、数詞の「ひとつ」を学ぶのです。こうしたことから、みつめる目で数詞の「ひとつ」を学ぶことがわかります。

(6) みつめる目で、「同じ」を学びます

食事のとき、父親の皿の上にあるロールパンが、自分の皿の上にあるロールパンと同じロールパンであることに気がつくと、子どもは「パン、同じだね（いっしょだね）」と大発

見でもしたかのように言います。また、入浴のとき、自分の足が父親の足と同じであることに気がつくと、驚いたように「足、同じだね（いっしょだね）」と言います。このように、同じ物がわかるようになります。

ところで、子どもはどのようにして、「同じ」がわかるようになるのでしょうか？

1歳4ヵ月頃になると、〇△□の型はめパズルで遊びますが、子どもがどこにはめようかなと思案したり、うまくはめられなくてまごまごしていると、母親が「丸はどこかな、同じ丸を探してごらん」と声をかけたり、「同じ三角はどこかな」と盛んに同じということばを使いながら、該当する型にはめられるように誘導します。

積み木遊びでは、母親がトンネルをつくった後に「これと同じトンネルをつくってごらん」と言います。子どもが真似をして積み木のトンネルをつくると「上手にできたね。同じトンネルだね」と言います。こうした体験を通して、つまり、同じ物をみることによって「同じ」がわかるようになります。こうしたことから、みつめる目で「同じ」を学ぶことがわかります。同じの概念を習得すると、同じ物探しに興味を持ちます。

手

(7) みつめる目が、ボタンをはずすことを援護します

この時期になると、自分のことは自分でやりたがります。パジャマのボタンをはずすこともそのひとつです。

しかし、いざボタンをはずそうとしても、最初はスムーズにボタンをはずすことができません。子どもは何回も挑戦しますが、ボタンをボタン穴に差し込むことができません。

そこで、母親は「よくみてごらん。この穴にボタンを入れるのよ」とアドバイスします。子どもは母親のアドバイスを聞いてボタンの穴を凝視しながら、つまんだボタンを懸命に穴に差し込みます。なんとしてでも自分でボタンをはずしたくてがんばります。そして、苦戦の末にボタンをはずすことに成功します。

さて、ボタンをはずすことは手の作業ですが、母親の「よくみてごらん」のことばからわかるように、ボタンをはずすには、ボタン穴をみつめながら、ボタンをボタン穴に差し込まなければなりません。こうしたことから、みつめる目がボタンをはずすことを援護することがわかります。

(8) みつめる目が、手洗いを援護します

手を洗ったり、ぬれた手をタオルで拭くことを自分でやりたがります。大人が望むようにきれいに手を洗ったり、水気を拭きとることはできませんが、大人の手助けなしでやりたがります。子どもは手を洗ってタオルで拭くことができると、「ボクできたよ」と得意そうに手をみせます。

手を洗う作業と手を拭く作業は、目と手の協応動作です。みつめる目のリードがあってこそ、手を洗ったり、ぬれた手をタオルで拭くことができます。こうしたことから、みつめる目が手を洗ったり、タオルで拭く作業を援護していることがわかります。

(9) みつめる目が、ピンセットで小さい物をはさんだり、移しかえる作業を援護します

ピンセットを親指と人差し指を対向させて持ち、豆や小さい物をはさんだり、はさんだ物を皿から皿へと移しかえる遊びをします。この作業は指先が器用に使えるようになることでできるようになりますが、ピンセットの先をじーっとみつめなければできません。

ピンセットで小さい物をはさむにしても、はさんだ物を皿から皿へと移しかえるにしても、ピンセットの先をじーっとみつめることが必須です。こうしたことから、みつめる目がピンセットで物をはさんだり、移しかえの作業を援護していることがわかります。

2. みつめる目と心身の発達について

①みつめる目が、心身の発達を支えます

「みつめる目」という視点から、0歳代と1歳代の心身の発達（社会性の発達、ことばの発達、手の発達、足の発達）についての考察を試みました。

考察を通して、目は視覚器官ですが、みつめる目は社会性やことばや手や足などの発達を図るうえで、重要な働きをしていることを認識するにいたりました。みつめる目の働きがなければ、これらの発達は起こりえないといっても過言ではありません。

「みつめる」という行動は、新生児期から起こります。抱っこされているとき、赤ちゃんが抱き手の顔をじーっとみつめることでスタートします。

赤ちゃんは、人から「しっかりみつめなさい」と強制されて、みつめるわけではありません。抱き手の顔をじーっとみつめることは、自発的な行動です。

そして、みつめる目は社会性やことばや手や足などの発達にスイッチを入れます。その後も、みつめる目は心身の発達途上に出る諸行動に関与することで、発達を支えます。み

つめる目の関与は、心身の発達途上に出る諸行動を発動すること、援護すること、先導すること、という3つの働きによってなされます。

赤ちゃんのみつめる目の働きを、ここでまとめておきましょう。

②みつめる目が、心身の発達途上に出る諸行動を発動します

社会性

みつめる目には、人を受け入れる窓口としての機能があります。赤ちゃんは、人をみつめることによって人を受け入れます。ここに、人との関わりが生じます。

赤ちゃんが人をみつめることは、新生児期のアイコンタクトから始まります。アイコンタクトをとることで、みつめる目が社会性の発達のスイッチを入れます。その後も、みつめる目は社会性の発達途上に出る諸行動を発動することで、社会性の発達を支えます。

0ヵ月……………微笑むこと。
1ヵ月～2ヵ月……………ニコッと微笑むこと。
……………人と関わること。

3カ月～4カ月……………ニコッと笑いかけたり、はしゃぐこと。
5カ月～6カ月……………愛着を持つ人（母親）に手を差し出すこと。
7カ月～8カ月……………見知らぬ人をみると泣き出すこと。（人見分け）
1歳4カ月～1歳6カ月…人形やぬいぐるみに働きかけること。
…動作模倣をすること。

ことば

赤ちゃんは人をみつめながら「アー」「フー」と音声を出します。つまり、みつめる目が「アー」「フー」の音声を発動するのです。こうして、みつめる目がことばの発達のスイッチを入れます。その後も、みつめる目はことばの発達途上に出る諸行動を発動することで、ことばの発達を支えます。

0カ月……………………「アー」「フー」の音声を出すこと。
1カ月～2カ月……………「アーフーウー」の音声（お語り）を出すこと。
3カ月～4カ月……………自発的なお語りをすること。
5カ月～6カ月……………動く口元を熟視すること。

7ヵ月〜8ヵ月……………声出し遊び（喃語）をすること。
9ヵ月〜10ヵ月…………絵本をみながら「アーアー」「ダーダー」と言うこと。
11ヵ月〜12ヵ月…………指さしで意思や気持ちを伝えること。
……………「ンマンマ」「パパ」などを言うこと。
1歳代……………………探索行動をすること。
1歳1ヵ月〜1歳3ヵ月……ことばを学ぶこと。
1歳4ヵ月〜1歳6ヵ月……ことばを言うこと。
1歳7ヵ月〜1歳9ヵ月……「これはなに？」と質問すること。
1歳10ヵ月〜2歳…………単語を言うこと。

手

赤ちゃんは、手指をみつめながら、ハンドリガードをしたり、物をみつめながら、みた物に手を伸ばしたりします。つまり、みつめる目が手の発達、すなわちハンドリガードやみた物に手を伸ばす行動を発動するのです。こうして、みつめる目が手の発達のスイッチを入れます。その後も、みつめる目は手の発達途上に出る諸行動を発動することで、手の発達を支えます。

3ヵ月～4ヵ月……ハンドリガードやみた物に手をのばすこと。
5ヵ月～6ヵ月……みた物に手を伸ばしてつかむこと。
9ヵ月～10ヵ月……まねっこ芸（おつむてんてん、へイ）をすること。
11ヵ月～12ヵ月……鉗子にぎりをすること。
1歳代……「これはなにかな？」とまわりの物を探索すること。
1歳4ヵ月～1歳6ヵ月…動作模倣（手遊び歌、ダンス、体操）をすること。

足

赤ちゃんはおもちゃや興味ある物や人をみると、ハイハイやつたい歩きやアンヨをして、おもちゃや興味ある物や人に接近します。こうしたことから、みつめる目がハイハイやつたい歩きや歩行の行動のスイッチを入れることがわかります。

9ヵ月～12ヵ月……ハイハイやつたい歩きや歩行をすること。

以上、列挙した行動から、みつめる目が発達途上に出るさまざまな行動を発動することがわかります。みつめる目が発動する諸行動の積み重ねによって、社会性やことばや手などの発達がもたらされます。こうしたことから、みつめる目が社会性やことばや手の発達を推進する働きをしていることがわかります。

③みつめる目が、心身の発達途上に出る諸行動を援護します

みつめる目が心身の発達途上に出る諸行動を援護することによって、社会性やことばや手の発達を支えます。

社会性

11ヵ月～12ヵ月……………ほめられることや叱られることを理解すること。
1歳1ヵ月～1歳3ヵ月…人の反応を理解すること。
1歳4ヵ月～1歳6ヵ月…人形やぬいぐるみに働きかけること。
…動作模倣をすること。
1歳7ヵ月～1歳9ヵ月…家事を大人と一緒にすること。
…「～をとってきてちょうだい」のお手伝いをすること。
1歳10ヵ月～2歳…………友だちと関わること。

……共感を求めること。

ことば

3ヵ月～4ヵ月……あやされたり、話しかけられたときの音声を聞くこと。
5ヵ月～6ヵ月……子守歌や童謡を聞くこと。
7ヵ月～8ヵ月……音声を確認すること。
……声出し遊び（喃語）をすること。
……意思や気持ちを伝えること。
9ヵ月～10ヵ月……無意味な音節を復唱すること。
……簡単なことば（おつむてんてんなど）を学ぶこと。
11ヵ月～12ヵ月……「ちょうだい」を理解すること。
……指さし行動をすること。
1歳代……探索行動をすること。
……ことば（名詞、形容詞、動詞）の学習をすること。
1歳4ヵ月～1歳6ヵ月……絵本をみて言われた物を探すこと。
1歳7ヵ月～1歳9ヵ月……ことばの理解をすること。

1歳10ヵ月〜2歳……「目」「口」「耳」「頭」「手」「足」のことばを学習すること。

……「グー・チョキ・パー」を学ぶこと。

1歳10ヵ月〜2歳……会話をすること。

……「ひとつ」や「同じ」を学ぶこと。

手

5ヵ月〜6ヵ月……両手の間で積み木を移しかえること。

7ヵ月〜8ヵ月……適切な把握をすること。

11ヵ月〜12ヵ月……豆落とし遊びをすること。

1歳1ヵ月〜1歳3ヵ月……スプーンやコップなどの道具の使い方を学ぶこと。

……輪投げの棒に輪を入れること。

1歳4ヵ月〜1歳6ヵ月……型はめパズルをすること。

1歳7ヵ月〜1歳9ヵ月……目と手の協応を促す遊び（シール貼り、木玉とおし、はめ込みボックス、はめ絵）をすること。

……絵本を1ページずつめくること。

1歳10ヵ月〜2歳……ボタンをはずすこと。

……手を洗うこと。
……ピンセットで物をはさんだり、移しかえること。

こうした行動から、みつめる目が発達途上に出るさまざまな行動を援護していることがわかります。

④みつめる目が、心身の発達途上に出る諸行動を先導します

みつめる目は、ハイハイやつたい歩きや歩行によって移動するとき、目的地に到達できるよう先導します。なかでも、みつめる目が移動を先導することがよくわかる行動が後追いです。

赤ちゃんは大好きな母親の姿をひたすらみつめながら、母親の後を追ってハイハイします。また、椅子につかまって立ち上がったとき、テーブルの上にあるお菓子をみつけると、お菓子をみつめながらつたい歩きをします。おもちゃをみつけると、おもちゃをみつめながら歩きます。

こうしたことから、みつめる目が移動を先導することがわかります。また、みつめる目は移動以外の行動も先導します。どのような行動を先導するのでしょうか？

9ヵ月～10月……………後追いをすること。
9ヵ月～12ヵ月……………ハイハイやつたい歩きや歩行をすること。
1歳1ヵ月～1歳3ヵ月…つかまえごっこの遊びをすること。
…おもちゃをおもちゃ箱に片づけること。
1歳4ヵ月～1歳6ヵ月…積み木を積むこと。

これらの行動は、みつめる目の先導の働きに支えられています。しかし、みつめる目は隠れた働きであるため、誰も気がつきません。それはみつめる目の先導の働きは、隠れた働きだからです。

⑤みつめる目は、心身の発達の推進力です

以上、みつめる目の3つの働きよりわかることは、みつめる目が赤ちゃんの心身の発達を推進しているということです。50年余り障害児の教育に携わっていますが、教育の現場でみつめる目が社会性やことばや手などの発達の推進力となっていることを実感します。みつめる目の働きに目を向けたいものです。

第4章

みつめる目で、お子さんの発達をみてみよう

1. 障害の早期発見が難しい理由

私は長きにわたり、障害のある幼児の療育に携わっています。

そこで常に思うことは、「もっと早いうちに子どもに出会っていたら」ということです。親が子どもの障害を知る時期は、早くて1歳代、ほとんどが2～3歳代になってからです。2～3歳代になると、親にとって心配となる行動が出てきます。

たとえば、ことばが遅れる、視線があわない、名前を呼んでもふり向かない、買い物をしているときに親から離れてどこかへ行ってしまう、一人遊びを好む、奇声を上げる、パニック行動を起こす……、などの行動です。

これらの行動が出ると、親はとても悩んだ末に関係機関に相談に行きます。そこで子どもの障害を知ります。

では、幼児期にならなければ、障害がわからないのでしょうか？

いいえ、幼児期まで待たなくても、0歳代で障害の発見ができます。のちほど詳しくお伝えしますが、生まれて3～4ヵ月頃に、障害を発見することができます。

障害の発見の手がかりとなる行動は、0～2ヵ月頃のアイコンタクト、3～4ヵ月頃の欲求を伝える泣き、はしゃぎ反応です。

これらの3つの行動を観察することによって、障害を早期に発見することができます。

このように3～4ヵ月頃に障害の発見ができるのに、どうして幼児期まで待たなければ障害がわからないのでしょうか？　障害の早期発見が難しい理由について考察します。

①はっきりと問題行動が出るまで待つ風潮

たとえば、自閉症の問題行動に「視線があわないこと」があります。親やまわりの人々が視線があわないことを認識するのは、2～3歳頃になってからです。

では、2～3歳頃になってから、視線があわないという行動が出るのでしょうか？

いいえ、親やまわりの人々が気がつかないだけです。たとえそれ以前に視線があいにくいと思っても、問題行動として認識しないだけです。

実は、視線があわないという行動は、0歳代の時期から出ています。

たとえば、順調に育つ赤ちゃんは0～2ヵ月頃より抱き手の顔をじーっとみつめますが、視線があわない赤ちゃんは、抱き手の顔をみつめません。

順調に育つ赤ちゃんは、3～4ヵ月頃に「イナイイナイバー」とあやすと、「イナイイナイバー」をじーっとみつめます。しかし、視線があいにくい赤ちゃんは、「イナイイナイバー」をみつめません。

順調に育つ赤ちゃんは、8ヵ月頃になると名前を呼ばれたとき、呼んだ人のほうをみつめますが、視線があわない赤ちゃんは、呼んだ人のほうをみつめません。

また、順調に育つ赤ちゃんは、9～10ヵ月頃になると母親の「おつむてんてん」をじーっとみつめますが、視線があわない赤ちゃんは、「おつむてんてん」をチラッとみるだけでみつめ続けません。

このように、0歳代の時期から、視線があわないことがさまざまな場面で出ています。ところが多くの場合、抱き手の顔をじーっとみつめないことや「おつむてんてん」をみつめ続けないことなどを、視線があわない行動としてとらえることはありません。そのため、視線があわないことに気づくのが遅れてしまうのです。

また、なんとなく視線があわないことがあっても、「まさか我が子が……」という思いが働きます。しかし2～3歳頃になると、視線があわないことが誰の目にもわかるようになります。そこで、視線があわないことを認めざるをえなくなります。

このように、視線があわないことがさまざまな場面で出ているにもかかわらず、2～3歳頃にならなければ認識されない原因は、誰の目にもわかるほど、はっきりと問題行動が出るまで待つという世間の風潮があるからです。

視線があわないことだけではなく、他の問題行動のきざしも0歳代から出ます。「おかしいな?」と思う行動に気づいたときには、はっきりと問題行動が出るまで待つという風潮に流されず、適切な対応をすることが大切です。

②赤ちゃんの発達に期待をかける風潮

ここに3ヵ月の赤ちゃんがいます。

母親は赤ちゃんがニコニコと笑うことを期待して、「イナイイナイバー」をしましたが、赤ちゃんはニコッともしません。

そこで、母親はおおげさに「イナイイナイバー」をして、赤ちゃんをふり向かせようとしました。育児書を読むと、3~4ヵ月頃になると、赤ちゃんはあやすと「アハハハハ」と声を出して笑うと書いてあります。母親は以前に「イナイイナイバー」をみて、はしゃいでいた赤ちゃんをみたことがあります。

母親は赤ちゃんが「イナイイナイバー」をしてもなんの反応も返してこないことが心配になりました。そこで、子育ての体験者に悩みをうちあけました。

ある人は「大丈夫よ。そんなこと心配することではないわ」とさらりと言いました。

ある人は「赤ちゃんによって反応はさまざまよ。よくはしゃぐ赤ちゃんもいれば、あまり笑わない赤ちゃんもいるわ。うちの子は4ヵ月を過ぎてから『イナイイナイバー』をみて笑うようになったの。もうすぐ2歳になるけれど、よくふざけて笑いこけるわ。あんよだって10ヵ月で歩き始める赤ちゃんもいれば、1歳を過ぎてからやっと歩き始める赤ちゃんもいるわ。でも歩くようになれば皆同じよ、しばらく様子をみてごらん」と言いました。

母親は子育ての体験者の話を聞いて「心配するほどのことではないのかな。もう少し様子をみてみようかな」と思い直して、赤ちゃんのこれからの発達に期待をかけることにしました。

このように心配なことが起こったとき、その解決を赤ちゃんの今後の発達に託すという対応をすることがあります。この対応を後押しするのが、まわりの人々です。まわりの人々は「赤ちゃんは元気が一番よ。元気ならささいなことでくよくよと悩まないほうがいいわ。そのうち笑うようになるわ」と励まします。

たしかに心配な事柄によっては、悩まないほうがよいこともありますが、3～4ヵ月頃に、はしゃぎ反応が出ないということは、真剣に悩まなければならない事柄です。

心配なことが起こったときは、赤ちゃんの発達に期待をかける風潮に流されず、即刻適切な対応をすることが大切です。

③赤ちゃんの発達は個性的であると考える風潮

10ヵ月の赤ちゃんを持つ母親たちが、後追いのことでおしゃべりをしています。

ある母親は「うちの子は後追いをしないの。9ヵ月頃になると後追いをして大変よと教えられたけれど、まだしないのよ」と言いました。

ある母親は「うちの子は後追いがひどいの。私の姿がちょっとでもみえないと泣き出すの。トイレにまでついてくるのよ」と言いました。

ある母親は「うちの子はトイレにまでついてこないけれど、いつもママはどこにいるのかなって、私のことを意識して遊んでいるわ」と言いました。

ある母親は「後追いは赤ちゃんによって違うのよ。後追いのひどい赤ちゃんもいれば、後追いをしない赤ちゃんもいるのよ。これって赤ちゃんの個性ではないかしら。だってオッパイをたくさん飲む子もいれば、少しのオッパイで足りる子もいるわ」と言いました。

個性ということばが出たところで、皆が納得しました。

たしかに赤ちゃんの行動は個性的です。たとえば、寝つきのよい赤ちゃんもいれば、なかなか寝つかない赤ちゃんもいます。また、誰をみてもニコニコ笑う愛嬌がいい赤ちゃんもいれば、あまり笑わない赤ちゃんもいます。

しかし、後追いは赤ちゃんが発達する過程で、必ず出なければならない行動です。なぜなら、後追いは赤ちゃんに愛着が育つことによって出る行動だからです。後追いが出ないということは、愛着の育ちに問題があることになります。

後追いのように、赤ちゃんが発達する過程で必ず出なければならない行動に対して、オッパイを飲むことや寝つくことや笑うことなどに対するとらえ方を持ってきて、「赤ちゃんの行動は個性的である」ととらえるのは、適切ではありません。

なぜなら、発達過程で必ず出なければならない行動（アイコンタクト、はしゃぎ反応、人見知り、後追いなど）が出なかったり、行動が弱かったりする場合は、個性ではなくて発達に問題があるからです。行動によっては、個性ということばにまどわされないことが大切です。

④問題（障害）を認めたくない気持ちがある

ここに1歳半になる子どもがいます。

「パパ」「ママ」「ブーブー」などのことばが出ていいはずなのに、まだ出ません。母親が子どもと一緒に絵本をみながら「ブーブーはどれ?」と尋ねたり、「バナナはどれ?」と尋ねたりしても、子どもは指さしをしません。

同じ年頃の子どもを観察すると、いろいろな単語が出ています。母親はことばの遅れが心配になって、まわりの人に相談しました。

ある人は「男の子は女の子に比べるとことばが遅いものよ」と言いました。

ある人は「うちの子もことばが遅かったけれど、2歳になったらペラペラしゃべるようになったわ」と言いました。

ある人は「ことばの発達は子どもによってまちまちよ」と言いました。

母親はまわりの人の話を聞いて、少し安心しました。そして「もう少し様子をみてみよう」と思いました。

数ヵ月が経過しましたが、様子が変わらないので関係機関に相談に行きました。

そこでは「まだ2歳前ですから、もう少し様子をみてみましょう。たくさんお話しをしてあげてください」との助言を受けました。母親はことばの発達について指摘されるのではないかと不安だったので「様子をみてみましょう」の助言に救われる思いでした。

母親が、心配しながらもまわりの人々の話や関係機関の助言に救われる思いを持ったのはどうしてでしょうか？　それは、母親には子どもにことばの発達に問題があることを認めたくない気持ちがあるからです。

こういった気持ちになるのは当然ですが、この気持ちが問題への対応を遅らせてしまいます。世間も親の気持ちを配慮するあまりに、問題の指摘を躊躇する風潮があります。

このはざまで、可哀想なのは子どもです。問題に対して適切な対応をしてもらえないからです。子どもは問題について速やかに対応されることを求めています。2～3歳まで見守るという風潮に流されず、早期に問題を認めることが大切です。速やかな対応が子どもを救います。

⑤見守るという風潮

私が常々不思議に思うことは、見守るという風潮です。

たとえば、子どもが2歳になっても片言が出ないと、親は心配になって関係機関に相談に行きます。すると「もうしばらく様子をみましょう。お子さんを見守ってあげてください」とアドバイスされます。

親はことばの遅れを心配して、ことばが話せるようにするための具体的な指導方法を求めて相談に行くのに「見守ってください」と言われると、見守っていればことばが話せるようになるのかなと思います。でも、心配は消えません。

「見守る」ということばは、とてもきれいなことばですが、見守ることの真意は「何もしなくてもよい」ということです。

問題によっては「見守る」という対応は適切ではありません。

子どもはさまざまな問題をかかえながら成長するものです。問題に対して適切に対応することで、子どもの成長を援護することができるのです。

2. 障害の早期発見の手がかりについて

赤ちゃんの精神面の発達を判断するには「みつめる目」の行動、「泣く」行動、「笑う」行動が手がかりとなります。

特に、みつめる目の行動では0ヵ月の「アイコンタクト」を、泣く行動では3、4ヵ月の「欲求を伝える泣き」を、笑う行動では3〜4ヵ月の「はしゃぎ反応」を発達を判断する手がかりとします。これらの行動によって、精神面の発達が順調であるかどうかが判断できます。

したがって、幼児期（2〜3歳）まで待たなくても、3〜4ヵ月という早い時期に障害の発見ができます。

では、どうしてアイコンタクトや欲求を伝える泣きやはしゃぎ反応によって、障害を早期に発見できるのでしょうか?

①アイコンタクトによる障害の早期発見について

赤ちゃんは心身ともに未熟で生まれてきますが、もともと発達のプログラムが備えられています。そのプログラムに従って、赤ちゃんは心身の発達を図っていきます。

プログラムを開花するうえで、必要なものがあります。

それは、人との関わりです。

たとえば、1歳になると「ンマンマ」「ブーブー」などのことばを話すことができるようになったり、スプーンを使って食べ物を口に運ぶことができるようになったり、「バイバイ」や「おつむてんてん」ができるようになったりしますが、こうした発達は、赤ちゃんが人との関わりを受け入れて、人から学ぶことによって、もたらされるものです。

ことばの発達にしても、日常生活動作の発達にしても、認知の発達にしても、人と関わることで発達します。

では、赤ちゃんはいつから、どのようにして、人との関わりをスタートさせるのでしょうか?

それは、新生児期から、「アイコンタクト」をとることによってスタートさせます。

アイコンタクトは、赤ちゃんにとって人との関わりを生む大切な行動です。アイコンタクトがとれた赤ちゃんは、人と関わって生きていきます。その結果、備わった発達のプログラムを開花することができます。つまり、順調に発達します。

しかし、アイコンタクトでつまずいた赤ちゃんは、人と関わって生きていくことが難しくなります。そのため発達のプログラムの開花に支障が生じて、発達に問題が起こります。

こうしたことから、新生児期にアイコンタクトがとれるかとれないかによって、障害の早期発見ができるのです。

②欲求を伝える泣きによる障害の早期発見について

3～4ヵ月頃になると、お腹がすくとオッパイが欲しいと「オギャーオギャー」の音声を出したり、人の姿をみると抱っこして欲しいと「オギャーオギャー」の音声を出したり、もっとあやして欲しいと「オギャーオギャー」の音声を出すようになります。

これが「欲求を伝える泣き」です。

では、どのようにして赤ちゃんは欲求を伝える泣きを獲得するのでしょうか？　オッパイが欲しくて「オギャーオギャー」の音声を出すことを例に考えてみます。

赤ちゃんは新生児期よりお腹がすくと、「オギャーオギャー」の音声を出しました。「オギャーオギャー」の音声を出すと、オッパイを飲ませてもらうことができました。この体験の繰り返しから、赤ちゃんはオッパイが欲しいことを「オギャーオギャー」の音声を出すことによって、人に伝えることを学びました。この学びが、赤ちゃんに欲求を伝える泣きを獲得させたのです。

こうしたことから、欲求を伝える泣きは、赤ちゃんが体験によって学べることを証明する行動ととらえることができます。

このように、赤ちゃんは体験からさまざまな事柄を学ぶことによって、発達を図ります。体験から学ぶことができなければ、発達に遅れが出たり、問題が生じたりします。

欲求を伝える泣きは、赤ちゃんが体験から学ぶことができるかどうかを判断する手がかりです。こうしたことにより、欲求を伝える泣きの行動が、障害の早期発見の手がかりとなるのです。

③はしゃぎ反応による障害の早期発見について

3〜4ヵ月頃になると、赤ちゃんの笑いに変化が出ます。

それは「イナイイナイバー」とあやすと、赤ちゃんが「アハハハハ」と声を出して笑ってはしゃぐことです。はしゃいだ後も赤ちゃんは、ニコニコの笑顔でみつめてきます。こうした赤ちゃんの姿をみると、何回も「イナイイナイバー」とあやしたくなります。これが「はしゃぎ反応」です。

ところで、どうしてはしゃぎ反応が障害の早期発見の手がかりとなるのでしょうか?

人々は赤ちゃんのお世話をするだけではなく、機会をとらえて赤ちゃんとの触れあいに努力します。たとえば、「トトトトバー」とあやしたり、「アーフーオーン」とやさしく話しかけたり、歌を歌ったり、抱っこをしたり、スキンシップを図ったりします。

しかし、こうした触れあいを赤ちゃんが受けとめているかどうかについての判断は、つきかねる時期です。

こうした時期に「イナイイナイバー」をしたとき、はしゃぎ反応が出れば、赤ちゃんが「イナイイナイバー」の触れあいを受けとめていることがわかります。

はしゃぎ反応は、赤ちゃんが人との触れあいを受けとめているかどうかを判断する手がかりです。こうしたことにより、はしゃぎ反応が障害の早期発見の手がかりとなるのです。

3. 大切な3つの行動の共通点

「アイコンタクト」「欲求を伝える泣き」「はしゃぎ反応」という3つの行動には、共通点があります。それは、いずれも人との関わりについての行動であることと、深い腹式呼吸が生み出す行動であることです。

①3つの行動は人との関わりに関する行動

アイコンタクトでは、みつめる目で人を受け入れることで、人との関わりが生じます。欲求を伝える泣きでは、欲求を伝えることと、欲求に応えたお世話を受けることで、人との関わりが生じます。

はしゃぎ反応では、触れあいを受け入れることで、人との関わりが生じます。

このように、3つの行動は人との関わりに関する行動です。

ところで、人との関わり方には、自分が他者に対して関わりかける能動的なものと、他者からの関わりを受け入れる受動的なものがあります。

アイコンタクトは視界に入った抱き手の顔をみつめる行動で、能動的な関わりです。欲求を伝える泣きは、欲求を人に向けて発信する行動で、能動的な関わりです。はしゃぎ反応はあやしを受け入れることによって出る行動で、受動的な関わりです。はしゃいだ後に赤ちゃんが笑いかける行動は、能動的な関わりです。つまり、はしゃぎ反応では、受動的な関わりと能動的な関わりが起こります。

3つの行動から、赤ちゃんは生まれて3～4ヵ月の期間に、受動的な関わりと能動的な関わりをスタートさせることがわかります。

ところで、アイコンタクトはみる行動であり、欲求を伝える泣きは泣く行動であり、はしゃぎ反応は笑う行動です。実は赤ちゃんには生まれながらにして、みること、泣くこと、笑うことの術が備えられています。備えられた術を用いて、人と関わることがわかります。

0歳代は人と関わって生きることの土台をつくる時期です。盤石な土台をつくるためには、じーっと人をみつめたり、大きい声で泣いたり、「アハハハハ」と声を出して笑うことが必須なのです。

②3つの行動は腹式呼吸が生み出す行動

3つの行動を「呼吸」という視点からみると、いずれも深い腹式呼吸が生み出す行動です。

(1)アイコンタクト

新生児期は呼吸器官の機能が未熟であるために、必要を充たす呼吸ができません。そのために、たびたび息苦しくなります。息苦しくなると、赤ちゃんは息をたくさん吐いて、息をたくさん吸うことをします。このとき「オギャーオギャー」の呼気音が出ます。

こうして、息をたくさん吐き、たくさん吸うことで、呼吸を整えます。そして呼吸が整うと、抱き手の顔をじーっとみつめます。

こうしたことから、深い腹式呼吸がアイコンタクトを生み出すことがわかります。

(2) 欲求を伝える泣き

3～4ヵ月頃になると、呼吸器官の機能が発達して、しっかりと深い腹式呼吸ができるようになります。すると、赤ちゃんは「オギャーオギャー」の呼気音に意思を吹きこんで欲求を伝えるために泣くようになります。

こうしたことから、深い腹式呼吸が欲求を伝える泣きを生み出すことがわかります。

(3) はしゃぎ反応

「アハハハハ」の笑い声は、一気にたくさん息を吐くことによって出る音声です。

3～4ヵ月頃になると、深い腹式呼吸によって、一気にたくさん息を吐くことができるようになります。その結果、「アハハハハ」の笑い声を出せるようになります。

こうしたことから、深い腹式呼吸がはしゃぎ反応を生み出すことがわかります。

ところで、欲求を伝える泣きとはしゃぎ反応は、同じ時期（3〜4ヵ月頃）に出ます。欲求を伝える泣きでは、欲求に応えてもらえるまで大きい声で泣き続けます。つまり、たくさん息を吐くことになります。このことがたくさん息を吐くことを必要とする「アハハハハ」の笑い声を育てることに役立ちます。

しっかりと大きい声で泣く赤ちゃんは、「アハハハハ」の笑い声も大きいです。泣きが「アハハハハ」の笑い声の育ちを援護しているからです。

このように、3つの行動は深い腹式呼吸が生み出す行動であるという共通点を持っています。呼吸の営みが人との関わりをスタートさせること、また、障害の早期発見の手がかりとなる3つの行動を生み出していることに驚異を覚えます。

4．障害児のみつめる目について

①視線をあわせることが苦手です

障害は多岐にわたり、それぞれの障害には特有な行動がありますが、共通する行動があります。

それは、視線をあわせるのが苦手なことです。チラッとはみますが、人をじーっとみつめ続けることが難しいのです。健常児にも視線があいにくい子どもがいますが、その比ではありません。

では、いつ頃から視線があいにくくなるのでしょうか？

一般に、幼児期になってから視線があいにくいことに気がつきますが、実は、新生児期から視線があいにくいのです。つまり、新生児期にアイコンタクトがとれないのです。

しかし、新生児期やその後の0歳代に視線があいにくいことに気づくことは、ほとんどありません。それは赤ちゃんが視線をあわせるかあわせないかについて、関心が持たれていないからです。もし、アイコンタクトがとれないと発達に問題が起こることが認識されたら、赤ちゃんの視線に関心を持たれるようになることでしょう。

では、視線をあわせることが苦手だと、どんな問題が起こるのでしょうか？

②視線があわないと、人との関わりが起こりません

「みつめる目」は、人を受け入れる窓口です。したがって、アイコンタクトがとれないと、人を受け入れることが起こりません。

人を受け入れることができないので、人との関わりが起こりません。その結果、人と関わることによって生じるさまざまな行動が出なくなります。

たとえば、赤ちゃんはあやすとニコニコと笑ってはしゃいだり、ママが大好きになったり、6～7ヵ月頃には人見分け（人見知り）をしますが、こうした行動が出ないのです。

また、人と関わることができないために、人との触れあいの心地よさを体験することができません。その結果、人との触れあいを求める行動が出なかったり、親に甘える行動が出なかったり、ひとり遊びを好むようになります。

③視線があわないと、人から学ぶことができません

人をみつめることが苦手だと、人から学ぶことができません。

たとえば、赤ちゃんは人が「バイバイ」と手をふる動作を繰り返しみつめることで、「バイバイ＝手をふる動作」であると学びます。しかし、人をみつめることができないと、人がバイバイと手をふる動作を学ぶことができません。そこで、1歳になってもバイバイと手をふる行動が出ないということが起こります。

バイバイだけでなく、赤ちゃんはさまざまな事柄を、人の行動をみることによって学びます。

たとえば、友だちの遊んでいる様子をみて遊び方を学んだり、大人がしていることをみて身辺動作や家事などを学びます。特に幼児期は、動作模倣の術によって、さまざまな事柄を学ぶ時期です。しかし、人をみつめることができないと、動作模倣の術によってさまざまな事柄を学ぶことができません。その結果、さまざまな事柄を人から学ぶことができないので、発達に遅れが生じます。

④視線があわないと、認知の発達が遅れます

母親は以前から、子どものことばが遅れていることを心配していました。もうすぐ2歳になるのに「パパ」「ママ」「ワンワン」「ブーブー」などのことばさえも出ないので、関係機関に相談に行きました。

相談機関では総合的な発達検査が行われ、「TOE流60ヵ月発達標準表」による検査を受けました。

この発達標準表をみると、1歳3ヵ月の欄に「三語言える」、1歳4ヵ月の欄に「口、耳、頭がわかり、指し示せる」、1歳7ヵ月の欄に「〜をとってきてちょうだいという指示がわかり実行できる」、1歳10ヵ月の欄に「三語文を話す」と書かれています。

これらの検査項目は、ことばの発達に関わるものです。母親は子どもがいずれの検査項

目も合格できないことから、ことばが遅れていることを認めざるをえませんでした。

さて、母親は改めて「TOE流60ヵ月発達標準表」をみてみました。

1歳4ヵ月の欄に「○△□の型はめパズルができる」、1歳7ヵ月の欄に「積み木を5つ積める」、1歳12ヵ月の欄に「独力で2ピースのパズルができる」と書かれています。でも、子どもはこれらのことができません。

母親は愕然としました。ことばの遅れだけではなく、他の面の発達にも問題があることに気がついたからです。

さらに先をみると、2歳1ヵ月の欄に「1~10の数唱ができる」「ひも通しができる」と書かれています。母親は2歳になるとこうしたことができるのかと驚きました。
○△□の型はめパズルや2ピースのパズル、1~10の数唱、ひも通しなどの検査項目は認知の発達を検査するもので、これらの検査項目が合格できないということは、認知の発達に遅れがあるということです。
では、どうしてことばや認知の発達に遅れが出るのでしょうか?

ことばや認知能力は人から学ぶことによって発達します。人との関わりが苦手な子どもは、人から学ぶことができません。その結果、ことばや認知の発達に遅れが出るのです。

人から学ぶことができない根本的な原因は、人をみつめることができないからです。

5. みつめる目を育てる取り組みについて

みつめることができないと、人との関わりが起こらなくなったり、人から学ぶことができなくなったり、ことばや認知の発達に遅れが出たりします。

では、どのような取り組みをしたら、みつめる目を育てることができるのでしょうか?それには、正しい姿勢で着席する取り組みと、アイコンタクトを育てる取り組みをすることです。これらの取り組みによって、みつめる目を育てることができます。

①正しい姿勢で着席する取り組み

9ヵ月の赤ちゃんが、母親の「おつむてんてん」をじーっと食い入るようにみつめています。このときの赤ちゃんのポーズはというと、背すじをまっすぐに伸ばして、座っています。

実は、この背すじをまっすぐに伸ばして座るポーズが、人や物をみつめることを可能にするポーズなのです。なぜなら、背すじがまっすぐに伸びると、視線が定まるからです。

そこで、赤ちゃんが背すじをまっすぐに伸ばして座るポーズを、着席の指導に取り入れます。着席の指導のポイントは、椅子の背もたれにもたれず、背すじをまっすぐに伸ばして腰かけることと、両手を膝の上において指先を伸展させることです。

すると、自然と子どもの視線が定まり、人や物をみつめることができるようになります。これが正しい姿勢で着席する取り組みです。

ところで、なかには多動な子どもや、1分間すら椅子に腰かけ続けることができない子どもがいます。一般に着席ができないことは障害によるものととらえられていて、積極的に着席の指導をしようとしない風潮があります。

しかし、子どもと真剣に向きあって、繰り返し着席の指導をすると、すべての子どもが落ち

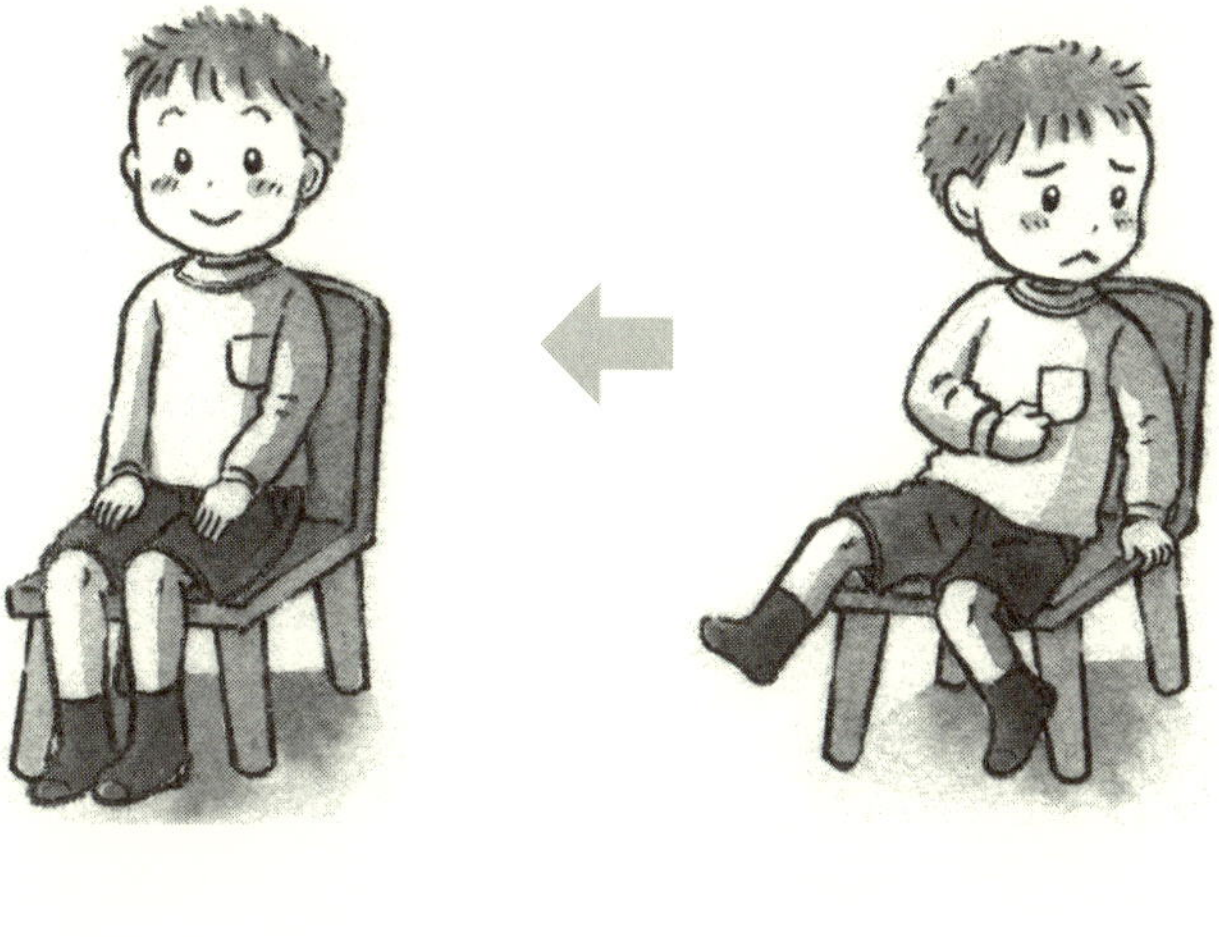

ついて着席ができるようになります。

正しい姿勢での着席は、人の指導を受け入れるための体勢づくりです。正しい姿勢で着席をする指導をすると、早い子どもは1週間で、遅い子どもでも2~3週間で着席をし続けることができるようになります。

しかし、時間が経過すると、膝から手を放したり、手をブラブラ動かしたり、背もたれにもたれたり、身体をゆさぶったり、頭を動かしたり、足をバタバタと動かしたり、奇声を上げたりするようになります。

こうした行動は着席し続けることと、みつめることによって呼吸が浅くなるために出る行動です。

そこで、こうした行動が出たときは、呼吸援助抱っこ（175ページ参照）をして、深い腹式呼吸ができるように援護します。そして、深い腹式呼吸ができるようになったら、再び椅子に戻します。すると、子どもは再び正しい姿勢で着席をするようになります。

正しい姿勢で着席ができているとき、子どもは人や物をみつめ続けます。

事例1 「散髪ができるようになる」

5歳のS君は、散髪が大嫌いで、散髪のときはいつも大暴れをしていました。父親と母親が2人がかりで、なだめながら散髪をしました。刈り上げた頭はいつもトラ刈りでした。

しかし、療育を始めて10ヵ月が経ったとき、「散髪をするよ」と呼びかけると、素直に着席して、おとなしく散髪をさせてくれました。

これに驚いたのは両親です。どうしておとなしく一人で散髪ができるようになったのだろうと思いました。

散髪だけではなく、最近のS君の行動には、びっくりさせられることばかりです。病院に行ったとき、人に迷惑をかけないで順番を待つことができるようになりました。

また、心配しながらレストランに連れて行ってみたら、注文の品が運ばれるまでおとなしく待つことができました。そのうえ、席を立つことなく食べることができました。

両親は、悩み事がひとつ、またひとつと解決していくことが嬉しくてなりません。

ところで、こうした子どもの変化は、何によってもたらされるのでしょうか?

それは呼吸援助抱っこと、着席指導の取り組みによるものです。

呼吸援助抱っこによって人を受け入れることができるようになると、身体に触れられても我慢できるようになります。その結果、散髪のときおとなしくしていられるようになったのです。

また、着席の指導によって長時間の着席ができるようになると、どの場所でも気持ちをコントロールして、着席ができるようになります。その結果、病院やレストランで待つことができるようになったのです。このように着席ができるようになると、子どもの世界が広がります。

事例2 「ママのそばを離れなくなる」

多くの母親たちが困っていることに、買い物が思うようにできないことがあります。買い物の最中に、子どもがどこかへ行ってしまったり、気をつけていてもちょっとした隙に姿がみえなくなったりすることがあります。また、手をつないでいても、ふり切って勝手な行動に走ることがあります。

4歳のN君は、母親が買い物をしているちょっとの隙に、母親から離れる子どもでした。行きつけの店では、店員さんたちが心得た対応をしてくださるほどでした。それでも、母親は急いで買い物をすませ、子どもの手を引いて店を出るのが精一杯でした。

ところが、N君が療育を始めて半年経った頃には、買い物をする母親のそばから離れなくなりました。たとえ離れても、母親の存在をたしかめながら行動するようになりました。名前を呼べば母親のところに戻ってきます。やっと、母親は安心して買い物ができきるようになりました。

何がこうした変化をもたらしたのでしょうか?

それは、着席指導や呼吸援助抱っこ、そして子どもに真正面から取り組むことによって、子どもが指導者や母親に対して愛着を持つようになったからです。母親への愛着が育つと、子どもの心の拠りどころは母親となります。すると、大勢の人の中で不安になると、母親を求め、母親のもとで安心を得ようとします。その結果、母親のそばを離れなくなります。

母親への愛着が育つと、何かと、「ママ、ママ」と言って、母親に甘えてくるようになります。いままでは、子どものほうから甘えてくることがなかったので、母親は甘えてくる子どもが愛おしくてなりません。子どもが甘えてきたとき、甘えに対応することによって、母子間の交流が起こります。

その後、N君は散歩のときは自ら手をつないで歩くことを求めたり、眠くなると母親に抱っこをねだったりするようになりました。母親は甘えてくる子どもが可愛くてたまらないと語ります。

②アイコンタクトを育てる取り組み

アイコンタクトをとることは、みつめることのスタートです。みつめることができない子どもは、スタートのアイコンタクトでつまずいています。そこで、アイコンタクトを育てることによって、みつめる目を育てます。

アイコンタクトを育てる取り組みは、新生児期の赤ちゃんのアイコンタクトを参考にします。赤ちゃんは、よいコンディションのときにアイコンタクトをとってきます。赤ちゃんのコンディションを決めるのは、呼吸と授乳です。

赤ちゃんは深い腹式呼吸ができるようになると、よいコンディションになります。よいコンディションになると、抱き手の顔をじーっとみつめてきます。つまり、深い腹式呼吸がアイコンタクトを発動するのです。これに着目してあみ出した取り組みが、呼吸援助抱っこです。

2～3歳の子どもでも、4～5歳の子どもでも、呼吸援助抱っこによって深い腹式呼吸ができるようになると、抱き手の目をみつめてくるようになります。

そのときの子どものまなざしは、赤ちゃんがアイコンタクトをとってくるときのまなざしとそっくりです。アイコンタクトがとれるようになると、自然と人や物をみつめることができるようになります。

事例3 「自閉症と診断されたが、いまは幼稚園でのびのびと成長」

現在5歳のK君は、幼稚園生活を楽しんでいます。恐竜に夢中で、恐竜についての物知りで驚かされます。

K君と出会ったのは、生後6ヵ月のときでした。母親は自分が描いていた赤ちゃんのイメージとあまりにも違うK君の様子に、「もしかして?」と不安になり、相談にこられました。

母親を不安にさせたのは「生まれたときからしっくりとした抱っこができないこと」「遠くから母親のほうをみるが、接近すると視線をそらすこと」「一人でいるときは微笑んだり、バックミラーをみるとニコニコと微笑んだりするが、人が近づくと笑いをやめてしまうこと」でした。また、「イナイイナイバーとあやしても、ニコッと笑ったり、はしゃいだりすることがないこと」も不安でした。

私は母親に赤ちゃんの発達過程の説明をした後、呼吸援助抱っこの取り組みを試みました。6ヵ月のK君は、抱っこをした瞬間から激しい抵抗が始まり、身体をそり返して抱っこから逃げようとしました。

胸を密着した抱っこをすればするほど、そり返しがひどくなり、抱き手の腕から落ちそうなほど激しく抵抗しました。泣き声も尋常ではなく、泣き声だけ聞くと何事が起こったかと思うほどでした。

抵抗すること1時間、抱き手もK君も汗だくになった頃、やっと泣きがおさまり、そり返りもおさまり、抱き手に身体をあずけてきました。

なんとK君は、抱き手の胸に身体を密着させ、もたれてきました。そして、抱き手をじーっとみつめてきました。その表情のおだやかなこと、可愛い赤ちゃんに変身したのです。

指導者の抱っこの取り組みをそばでみていた母親は、激しく抵抗しているときは不安のあまり顔がひきつっていましたが、可愛い赤ちゃんになったK君をみて、喜びの涙を流しました。

そこで、呼吸援助抱っこの取り組みについて説明をしました。

自閉傾向があると接触を嫌うため、身体が密着すればするほど、密着による接触から逃れようとして激しく抵抗すること、しかし、抵抗があっても抱っこを続けていれば、必ず和解に至ること、大切なのは和解に至るまで抱っこを続けることであり、途中でやめてしまったら呼吸援助抱っこの意味がないことを説明しました。

その後、母親は激しい抵抗があっても、熱心に呼吸援助抱っこに取り組みました。家族（祖父母）からは、泣かせてまで抱っこをしなくてもよいのではと反対されましたが、抵抗が

呼吸援助抱っこの方法

①密着抱っこから逃げようとする。

②縦抱きで密着抱っこをする。

③激しく抵抗する。

④抵抗がおさまり、抱き手に体を寄せて和解する。アイコンタクトをとってくる（抱き手の顔をじーっとみつめてくる）。

おさまったときのK君の可愛らしい姿が励みとなり、取り組みを続けました。

K君は1歳半のとき自閉症と診断されましたが、6ヵ月からの取り組みで愛着が育ってきていることを実感していたので、母親は動揺することなく診断を受けとめました。

母親は当施設のアドバイスにしたがって、呼吸援助抱っこだけではなく、K君の障害に真正面から向きあいました。

その成果は日々の行動にあらわれることとなりました。いままで視線をあわせなかったK君が、自分から視線をあわせてくるようになりました。こだわり行動（偏食・手をぶらぶらさせる・ミニカーを一列に並べる・道順にこだわるなど）等がしだいに消えていきました。

しかし、母親は将来のことを考えて、2歳のときに、当施設の入所を決断しました。

K君は2年間の療育で見違えるほどに成長しました。抱っこが大好きになり、何かにつけて抱っこを求めてきては身体をぴったりと寄せてきたり、アイコンタクトをとってきたり、ニコッと笑ってはしゃぐようになりました。また、療育の成果も出て、認知・言語・社会性・運動面等も、著しく発達しました。卒園後は地元の幼稚園で順調に成長しています。

K君は生後6ヵ月で療育を開始し、その後4年間の療育を経て、現在は順調な発達の道すじを歩んでいます。K君の事例より、改めて障害の早期発見と早期療育の大切さを体験させられました。「見守る」という対応では、K君の成長は起こらなかったことでしょう。

③呼吸がみつめる目を育てる

着席の指導の取り組みにおいても、アイコンタクトを育てる取り組みにおいても、共通して登場する取り組みは、深い腹式呼吸ができるように誘導する呼吸援助抱っこです。

では、どうして両者の取り組みに、呼吸援助抱っこが登場するのでしょうか？

それは、みつめるという行動が、たくさんのエネルギーを要するからです。

たとえば、紙芝居をみるという行動ですが、紙芝居が大好きな子どもでも、時間が経過するとみつめ続けることが難しくなります。また、手元をみつめながら取り組む作業では、時間が経過すると目を休めたくなります。

このように、紙芝居をみつめ続けることができなくなったり、作業中に目を休めたくなるのは、みつめる行動がたくさんのエネルギーを要するからです。

このときひと休みをすると、再び紙芝居をみたり、作業を再開することができます。

では、どうしてひと休みをすると元気を取り戻すことができるのでしょうか？　それは、ひと休みすると呼吸を整えることができるからです。

ひと休みをすることを「息を入れる」「ひと息つく」などといいます。「息を入れる」や「ひと息つく」とは、呼吸を整えることなのです。

では、何によってエネルギーの蓄えができるのでしょうか?

それは「呼吸」です。ひと休みすると元気を取り戻すことができるのは、呼吸を整えることでエネルギーの蓄えができるからです。このエネルギーの蓄えに有効な取り組みが、呼吸援助抱っこなのです。

一般には、呼吸とみつめる目は無関係のように思われていますが、不思議なことに、呼吸援助抱っこの後には、自然と人や物をみつめるようになります。呼吸援助抱っこの実践から、呼吸がみつめる目を育てることを認識するにいたりました。

呼吸がみつめる目を育てるため、両者の取り組みに呼吸援助抱っこが登場するのです。

第5章

呼吸をみつめ続けた私の60年

50年余りの障害児の療育を通して、呼吸の営みが、赤ちゃんが心身の発達を図るうえで、重要な働きをしていることを考察することができました。

私の呼吸の営みに至るまでの歩みを、おじいさんと高校生の孫との会話で紹介します。

1. 障害を持っている人の力になろうと決心した子ども時代

僕、進路のことで悩んでいるんだ。おじいさんはどうして福祉の仕事をしようと思ったの？

おじいさんの子ども時代は戦時下だったんだ。戦争一色の生活だった。

僕にはどんな生活か想像がつかないよ。

そうだろうね。学校では勉強よりも防空壕に避難をする訓練をしたり、竹やりで戦う訓練をしたり、バケツで水を運んでバケツリレーで消火する訓練をしたんだ。

勉強はどうしたの？

勉強はあまりしなかったなあ。いまでも鮮明に覚えていることがあるんだよ。

どんなことなの？

田舎の駅頭で、日の丸の小旗をふりながら「バンザイ」と言って出征兵士を見送りしたことや、駅頭で整列をして、白い箱を首から下げた人を迎えて、英霊に敬礼をしたことだよ。子どもだったから事の次第をさとることはできなかったけれど、あの駅頭での光景は目に焼きついているよ。

他にどんなことを覚えているの？

いろいろなことを覚えているけれど、幼少時代にいっぱい遊んで可愛がってくれた伯父さんのことがどうしても忘れられないなあ。その伯父さんが出征されるときも、駅頭で見送ったんだよ。とても元気だったのに、帰還してから精神の病を患ったんだ。

精神の病って？

当時は子どもだったけれど、やさしくて遊んでくれた伯父さんのおもかげがなくなって、別人になっていたことに驚いたよ。近寄ることもできず、挨拶もできなかったなあ。私のおじいさんは、伯父さんが家に訪ねてきたときには、火や煙を怖がるからといって、ご飯を炊いたり、風呂をわかすことを禁じていたよ。

そんなことがあったの。それから終戦の後には、どんなことがあったの？

終戦を境にして、世の中が変わってしまったんだ。人々は食べることに精一杯でね、他人のことを思いやる気持ちが失われてしまったんだよ。そのことが子ども心に悲しかったなあ。

どういうことがあったの？

戦争中は国民が一丸となって戦っていたんだ。食べ物がない人には、食べ物を分け与えたり、男手がなくて畑仕事が大変な家を、村の人が手伝ったり、病気になると栄養のある卵を持っていったり、母親が働きやすいようにと近所の人が子守をしたりして、皆が助けあって生活したんだよ。戦争中は皆が情けをかけあって生きていたんだ。ところが、そうした人情が、終戦を境にすっかり失われてしまった。それどころか、弱者をさげすんだり、差別をしたんだ。

現代は弱者にやさしい社会を築こうという流れで福祉が充実してきているけれど、70年前は福祉という思想はなかったの？

当時は、原因のわからない病気を患っている人や障害のある人、精神の病を患っている人、貧しい人、戦災孤児、傷病兵士など弱者に対する世間の風は、冷ややかなものだったんだ。

世間の風が冷たいって、どういうことなの？

たとえば、結核患者が出ると、その家族は村八分にされたんだよ。当時、結核は不治

の病だったので、感染が恐れられていたんだ。各地に避病院という伝染病の専門病院があってね、結核患者は隔離されたんだよ。

障害を持つ子どもが生まれると、人目につかないように家の中で育てたりしたんだ。精神の病にかかると、世間に知られないようにと家の中での生活をよぎなくされたりもしたんだ。戦争で夫を亡くした妻は、後家さんと呼ばれてさげすまれたんだ。戦争中は出征兵士の妻と尊敬されていたのに、人々のみる目が180度変わってしまったんだ。

また、傷病兵士や戦災孤児にも世間は冷たかったんだ。学校では都会から疎開してきていた子どもたちがいじめられたり、貧乏で学校に弁当を持ってこられない友だちがいたんだ。そうした世間のありさまをみるたびに、胸が痛んだね。

戦後にそんなことがあったなんて知らなかった。
戦争は人々の心を荒廃させてしまうものなんだね。戦争中は戦争に勝つためにと皆が一致団結していたのに、戦争に負けたらチリチリバラバラになってしまった。
おじいさんは弁当を持ってこられない友だちやいじめられている友だちをみても、何もしてあげられないことがとても悲しかったんだ。そのとき、大きくなったら病気や精神の病や障害のある人の力になれる仕事をしようと決心したんだ。

決心をしたのは何歳頃なの？
10歳だよ。

10歳で決心したなんて、ずいぶん早かったんだね。それから決めた道をまっしぐらに歩んできたんだね。すごいなあ。

いま80歳だけれど、気がついたら、いつの間にか70年がたっていたということだよ。君は進路のことで悩んでいると言ったね。じっくりと考えるといいよ。

おじいさんのお話は参考になったよ、決心してからどうしたの？

小学生のときは、どうして世の中に差別や偏見があるのかなって考えていたんだ。

いまでも差別や偏見はあると思うよ。いじめだってあるよ。

そうだね、差別や偏見やいじめの問題は、永遠のテーマかもしれないね。当時は子どもだったから、どうしても答えをみつけたくてね。いまなら難しいテーマだとわかるけれどね。それから遺伝のことに関心があったんだ。

どうして遺伝のことに関心があったの？

当時は、原因が分からない病気や不治の病は、遺伝ではないかと恐れられていたんだ。たとえば、結核だけどね。現代は治る病気だけれど、当時は治療法がなくてね。結核にかかると隔離されたんだよ。家族は差別されることを恐れて、結核患者が出たことを世間に知られないようにしていたんだ。
現代は治る病気になったから、結核患者に対する差別や偏見はなくなったね。幼な心

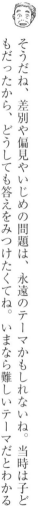

にも、病気や障害に対する差別や偏見には、遺伝という考えがつきまとっていることに気がついたんだ。

僕は自分のことで精一杯なのに、おじいさんはいろいろなことを考えていたんだね。それでどうしたの？

将来、病気や障害のある人の力になれる仕事につくには、遺伝のことを知らなければならないと思うようになったんだ。君はメンデルの法則のことを知っているかね。

エンドウ豆を使った研究でしょう。学校で習ったよ。

おじいさんはメンデルの法則に興味を持って、いろいろな作物を栽培したんだ。特にホウレンソウは雌雄異株なので、交配実験を繰り返し試してみたんだ。それから本格的に遺伝の勉強がしたくなって、大学は農学部を選択したんだ。

2. 遺伝という考えから開放された大学時代

大学で遺伝についての勉強ができたの？

農学部には作物育種学という学問があってね、そこで作物の品種改良について勉強したんだ。

病気や障害についての遺伝がわかったの？

作物育種学の勉強では、人の遺伝を究明することは難しいことがわかったんだ。これも作物育種学の勉強をしたおかげだと思っているよ。でもね、菊づくりの農家のお手伝いから、よいヒントが与えられたんだ。遺伝の勉強に行き詰まっていたときだったので嬉しかったなあ！　目の前がパーッと開けたように思ったよ。

どんなヒントなの？

菊づくりの名人といわれている農家で、菊づくりのお手伝いをさせてもらったんだ。名人の育てた菊は、切り花にしたときに日持ちがよくて、何十日も生き生きと咲き続けるという評判の菊だったんだ。どんな栽培をしたら良質の菊を育てることができるのかを学びたかったので、お手伝いをさせてもらったんだ。

菊づくりの極意がわかったの？

そこでの仕事は、くる日くる日も土壌を耕し続ける作業でね、しかも同じところの土壌を何十回と鍬で深く掘り起こす作業なんだ。夏の太陽が温室内を照り返して、とても暑かったことを覚えているよ。汗でグショグショになりながら、毎日作業をしたんだ。

ある日思いきって、名人に「どうして同じところを何十回と耕すのですか？」と質問したんだ。すると「耕すのは土壌中に多くの酸素を供給するためで、土壌が団粒構造になると良質の菊を育てることができるんだ」という返事が返ってきたんだ。

花や野菜を植える前に土壌を耕すのは、土壌中に酸素を供給するためなんだね。僕、知らなかった。

名人のことばは、当時の私にはものすごい衝撃だったね。土壌を耕すことの大切さは知っていたけれど、土壌中の酸素が作物の生育を左右する決め手となることを教えられたときは、「目からうろこが落ちる」ような思いだった。

どうしてそんなに衝撃を受けたの？

土壌中の酸素が菊の生育を左右するということは、菊の生育は遺伝によって決まるのではなく、育て方にかかっているということなんだ。名人のことばを聞いたとき、子どもの頃より思いつめていた遺伝という考えから開放された思いがしたね。

地球上の生物は酸素がなければ生きられないものね。

そのとき、おじいさんは子どもの頃に体験したことを思い出したんだ。それはね、大雨が降って、畑が水びたしになったとき、土が出ている畑の一角が虫だらけになっていた光景をみたことなんだ。虫は土壌が水びたしで酸素が欠乏したために、地上に出てきていたんだね。

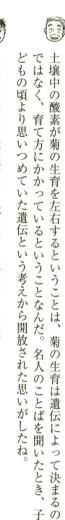

それから、中学生のとき、山林を開墾する作業の手伝いで切った木を燃やしていたときに、突然風が吹いてきて、風下にいた私は煙にまかれて意識不明になったんだ。よく意識が戻ったと思うけれど、そのときどんなに酸素が必要であるかを思い知らされたね。

こうした体験をしていたので、良質な菊づくりには、土壌中にたくさんの酸素が必要であるという話はすぐに納得できたよ。でも、改めて名人に教えられなければ、酸素の必要性について意識を持たなかったと思うよ。

それからどうしたの？

呼吸というテーマを追究するためには、次に何を勉強すればよいのかを考えたんだ。

それでどんな勉強をしたの？

大学に畜産学研究室があったんだ。いつも研究室の前を通るたびに、ヒヨコの「ピヨピヨ」という鳴き声や成鶏の「コケッコッコー」という鳴き声や中雛の「コッケーコッケー」という鳴き声が聞こえてきたんだ。

たびたび鳴き声を聞いているうちに、どうしてヒヨコと中雛と成鶏との鳴き声に違いがあるのかなって考えるようになったんだ。そして、鳴き声は息を吐くときに出る音声であること、鳴き声の違いは呼吸によること、また、鳴き声によって仲間と交信していることに気がついたんだ。

わかった。鶏の鳴き声から、呼吸のことを追究することに決めたんだね。それでどうしたの？

大学を卒業した後、専攻科に進んで、畜産学研究室で遺伝と呼吸のことを本格的に研究したんだ。

どんな研究をしたの？

鶏の品種改良の研究をしたんだ。サツマ鶏のメスと白色レグホンのオスを交配して、雑種強勢を繰り返しながら丈夫で卵をたくさん産む鶏をつくる研究なんだよ。新品種ができたときは感動したよ。鶏の品種改良を通して、遺伝のことを深く追求できたり、メンデルの法則も理解できたよ。
何よりも大きな収穫は、どんなに優れた品種の鶏であっても、生育は飼育の仕方によって大きく左右されるということがわかったことだよ。

鶏も菊づくりと同じなんだね。鶏の飼育の仕方では何が決め手なの？

餌が決め手なんだよ。品種改良した鶏でも、生後1ヵ月間の餌の与え方によって、丈夫に育つか卵をよく産むかが決まるんだ。

健康な身体をつくるには食べ物が大事というけれど、鶏も同じなんだね。ところで、呼吸のことを追求できたの？

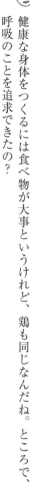

作物育種学では追求することができなかった呼吸のことを、鶏からじっくりと学ばせてもらったよ。君は鶏の鳴き声を知っているかね。

「コケコッコー」って鳴くんでしょう。

鳥類には人間と同じような声帯弁があるので、きれいな鳴き声が出せるんだ。鶏はね、外敵がやってきたときは「グー」「キー」と喉をしめつけられたような音声を出すんだよ。餌が欲しいときは「コッココケッコー」と餌がもらえるまで大声で鳴くんだ。餌を食べているときは、「コッコッコッ」とおだやかに鳴くんだ。卵を産んだときは「コケッコッコー」と仲間に知らせるかのように高い声で鳴くんだ。仲間と交信するときは「コッコーコッコーコッコーコッコー」と長く鳴き続けるんだよ。また、1羽が鳴くと仲間の鶏も応えるかのように一斉に鳴くんだよ。

へぇー。そんなにいろいろな鳴き方をするの？　驚いた。

ヒヨコのときは息を吐くたびに「ピヨ、ピヨ、ピー、ピー」と短く鳴くんだ。それが大きくなるにつれて「コッケコッコー、コッケコッコー」と大きい声で長く鳴くようになるんだよ。

どうして鳴き方が変わるの？

呼吸器官の機能が発達して、呼吸が深くできるようになるからだよ。鳥類は空を羽で飛ぶために胸郭が発達するので、飛びながら鳴くことができるんだよ。

へぇー。鳴き声は呼吸しだいなんだね。

そうなんだよ、しかも鶏は鳴き声で仲間と交信しあっているんだよ。

まるでことばみたいだね。

そうなんだ。鳴き声は鶏にとってことばなんだよ。1羽が「コケッコッコー」と鳴くと、仲間の鶏の動きが一瞬止まるんだよ。そして一瞬止まった後に一斉に「コッコッコケッコー」と鳴くんだ。動きが一瞬止まるのは、外敵かな?と緊張するからなんだね。

また、1羽が卵を産んだ後「コケッコッコー」と鳴くと、仲間の鶏が一斉におめでとうと言わんばかりに「コケッコッコッコー」と鳴くんだ。餌を食べているときは嬉しそうに「コッコッコッ」と鳴きながら食べるんだよ。

仲間と遊んでいるときは楽しそうに「コッコッコッコケッコーコー」とお互いに鳴き

あうんだ。鶏は1羽が鳴くと仲間の鶏が一斉に鳴くという習性があってね。鳴くことで仲間とコミュニケーションをとっているんだよ。

ボクはカラスが「カーカー」と鳴きながら、群れをつくって飛んでいるのをみたことがあるけれど、カラスも「カーカー」の鳴き声で交信しあって飛んでいるんだね。だから1羽も群れからはみ出さないで飛べるんだね。すごいなあ。

鶏の鳴き声はことばなんだと思うようになったら、ヒヨコの「ピヨピヨ」の鳴き声は、赤ちゃんの「オギャーオギャー」の泣き声のように思えてきたんだ。中雛の「コッケーコッケー」という鳴き声は、「アハハハハ」の笑い声のように思えてきたんだ。お腹がすいて大声で「コッコココケッコー」と鳴く声は、赤ちゃんのオッパイが欲しいと泣く声のように思えてきたんだ。羽をバタバタと動かしながら「コッコッコッコケッコー」の鳴き声は、仲間同士で喜びあっている声のように思えてきたんだ。

私が鶏の鳴き声を真似すると、鶏は仲間が鳴いたと思って、一斉に鳴き出すこともあったんだよ。

おもしろい話だね。

ところがね。飼育の仕方によっては、鶏が鳴く習性を失ってしまうんだ。

どういうこと？

鶏の飼育の仕方には、1羽ずつケージに入れて飼育するケージ式と、10～20羽くらいの群れを地面で飼育する平飼式とがあるんだ。昔は平飼式だったんだよ。それが、昭和30年代後半になるとケージ式へと移行したんだ。現代はほとんどがケージ式飼育だね。ケージ式で飼育すると、鶏があまり鳴かなくなったんだ。鳴いても声が小さくて、一斉に鳴くこともしなくなるんだ。でも、外敵がくると、一斉に大きい声で鳴くんだよ。いざというときは、身を守るために鳴くということは起こるんだね。

どうしてあまり鳴かなくなるの？

ケージ式飼育では、1羽ずつ飼うので、仲間を意識した生活をしなくなるんだ。仲間と餌を食べたり、仲間と走りまわったりしないので、仲間を意識しなくなるんだね。そのうえ、餌も仲間に食べられることがないので、餌の取りあいもしなくてすむんだ。

現代はコミュニケーションが失われつつあるといわれているけれど、人間も鶏と同じだね。生活スタイルの変化によって、コミュニケーション能力が育たなくなるんだね。

君はお話がよく理解できるね。丈夫で卵をたくさん産む鶏でも、飼育の仕方によって、その優れた能力が発揮できなくなるんだよ。丈夫で卵をたくさん産む鶏に成長するか否かは、ヒヨコの期間の1ヵ月間の飼育の仕方にかかっているんだ。

植物の生育や動物の生育は、育て方によって左右されるということなんだね。

そうなんだよ。おじいさんは鶏の生育から、人間の乳幼児期の育ちについて考えるようになったんだ。

おじいさんが障害を持つ子どもの幼児教育をこころざしたのは、鶏の生育がヒントになったんだね。

おじいさんが鶏の生育を観察するとき、最も着目したのは鶏の鳴き声なんだ。鶏は鳴き声によって仲間とコミュニケーションをとっていること、そのコミュニケーション能力は環境によって育つこと、また、さまざまな鳴き声は呼吸の営みによって生まれるということをつかんだんだ。

おじいさん、鶏の品種改良に取り組んでよかったね。

そうなんだ。おじいさんは鶏の鳴き声から、人間のことばの発達を呼吸の営みと関連して考察したいと思ったんだ。そこで呼吸の営みと関連づけて、赤ちゃんのことばの発達のメカニズムを追究することにしたんだ。

3. 子どもたちから学ばせてもらった言語療育園時代

昭和39年に、ことばの発達に問題を持つ子どもを対象とする言語療育園を設立したんだよ。

言語療育園ってめずらしい名称だね。

ことばの発達はね、身体的な発達と精神的な発達の頂点にあるものなんだよ。身体的発達や精神的発達に問題があると、ことばの発達に問題が出るんだ。
たとえば、ことばを話すことが遅れたり、ことばを理解することができなかったり、ことばでコミュニケーションをとることができなかったり、構音障害や吃音になったりするんだ。
だから、障害があると、どうしてもことばの発達に問題が出るんだ。言語療育園には、肢体不自由や知的障害、ダウン症、情緒障害などさまざまな障害を持つ子どもが通ってきたんだよ。

子ども時代からのこころざしが実現したんだね。

当時は、言語障害の指導はあけぼのの時代でね、たくさんの子どもたちが通ってきたよ。いまでも、その当時の子どもたちの顔を覚えているよ。

おじいさんは言語療育園を設立してから、ずーっと障害を持つ子どもの幼児教育に携わってきたんだね。すごいなあ！

設立してから50年余り、長いようで短かったね。教育の現場で子どもたちからさまざまなことを学ばせてもらったよ。現場にいたからこそ、どのように社会性や知恵や情緒や手などが発達するかについて学ぶことができたと思っているんだ。もちろん、ことばの発達のメカニズムも考察できた。だから、出会ったたくさんの子どもたちに感謝しているんだ。

どんな考察ができたの？　聞きたくなったよ。

興味を持ってくれて嬉しいよ。ことばの発達についての考察は、『ことばの発達は新生児期から始まる』という本にまとめて、２０１２年に出版したんだ。手の発達についての考察は、『手は知恵を育む』という本にまとめて、２０１５年に出版したんだ。どちらの本も、０歳代の赤ちゃんの発達についてまとめたものなんだ。

僕、本を読みたくなった。読めばおじいさんが考察したことがわかるんだね。

実はね、ことばや手の発達についての考察を本にまとめることができたのは、さまざまな障害児と出会ったからなんだ。特に自閉症児との取り組みについての考察は『自閉傾向は生まれて三ヵ月でわかる。』という本にまとめて、２００９年に出版したよ。

4. 自閉症児との出会い

自閉症ってどんな障害なの？

赤ちゃんはね、発達の道すじをたどって成長するんだよ。でも、障害があると発達の道すじをたどって成長することが難しくなるんだ。

その結果、対人関係の育ちに問題が出たり、言語発達の遅れや運動行動に問題が出たり、環境に適応できなかったり、異常行動（パニックなど）が出るんだ。

友だちと遊べないの？

そうなんだよ、ひとりぼっちなんだよ。

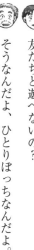

ひとりぼっちは寂しいね。

おじいさんはひとりぼっちの世界から救い出したいと思い、子どもが喜びそうな遊びをいろいろとやって、触れあうようにしたんだ。でも、自閉症の子どもは、人が接近すればするほど避けようとするんだ。いろいろな取り組みをしたけれども、いずれも成果につながらなかったんだ。

僕は子どものとき、大人に遊んでもらうと嬉しかったよ。それでどうしたの？

抱っこで仲よしになろうと、試みたんだ。

子どもは抱っこが大好きだものね。抱っこで仲よしになれたの？

抱っこが嫌いで、抱っこをすると激しく抵抗をしたり、抱っこから逃げていってしまったんだ。

不思議だね。抱っこで仲よしになれなかったの？

抱っこで仲よしになろうと決心したのだから、抵抗されても抱っこを続けたよ。どんなに抵抗が激しくても、負けずに抱っこを続けたよ。

抱っこから何がわかったの!?

身体を密着するほど激しく抵抗することから、触覚が異常であることがわかったんだ。

どんな抵抗をするの？

大声で激しく泣いたり、「苦しい」「やめて」「抱っこ嫌い」と叫んだり、叩いたり、抱き手を噛んだり、蹴ったりするんだ。

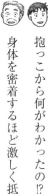

そんなに抵抗されても抱っこを続けたの？

もちろん続けたよ。抵抗がおさまるのに1時間くらいかかる子どももいたね。でも、激しい抵抗がおさまると、不思議なことが起こったんだ。

どんなことが起こったの？

抵抗がおさまると、さっきまで抱っこを嫌がっていたことが嘘のように、逃げるどころか、私に身体をゆだねてきたんだ。そのときの子どもの表情は、赤ちゃんのようで、とても可愛らしいと思ったよ。

自閉症児は接触嫌いではなかったの？　不思議なことが起こったんだね。

どうして接触嫌いから抜け出せたのかと子どもを観察したんだ。すると、不思議なことが起こっていることに気づいたんだ。それは、おじいさんの身体に密着している子どものお腹が大きくふくらんだり、へっこんだりすることなんだ。つまり、深い腹式呼吸をしていたんだ。どの子どもにも抱っこをすると同じことが起こることから、深い腹式呼吸が接触嫌いから脱け出させることがわかったんだ。

抱っこをすると、どうして腹式呼吸になるの？

それはね、抱っこのポーズは呼吸をしやすくするからなんだ。赤ちゃんが「オギャーオギャー」と泣いたとき、ママはどうやってなだめるかな？

ママは赤ちゃんを抱っこして「ヨシヨシ」ってなだめるよ。

ママがなだめるとどうなるかな?

赤ちゃんは泣きやむよ。

そうだね。抱っこされると、赤ちゃんは呼吸がしやすくなるから泣きやむんだよ。赤ちゃんはね、生まれて数ヵ月間は呼吸器官の機能が未熟なので、しばしば息苦しくなったり、呼吸が浅くなるんだ。するとね、赤ちゃんはたくさん息を吐いて、たくさん息を吸うことをするんだ。このとき「オギャーオギャー」の音声が出るんだよ。赤ちゃんが大声で「オギャーオギャー」と泣くのは、呼吸のコンディションを整えるためでもあるんだよ。

へぇー。そうなの、僕は泣くと可哀想だから抱っこするのだと思っていたよ。

抱っこには、赤ちゃんの呼吸を援助する働きがあるんだ。抱っこの後、抱き手に身をゆだねるようになることを和解というんだ。抵抗の後の和解だから、ケンカの後の仲直りみたいだね。

子どもと仲よしになれるまで、抱っこを続けてよかったね。

このままずーっと仲よしが続くといいなあと思ったよ。それからね、和解が起こると、子どもがおじいさんをじーっとみつめてくるようになったんだ。まったく視線をあわせようとしなかった子どもが、自ら視線をあわせてきたときは、とても感動したよ。

それってすごいことなの？

とてもすごいことなんだよ。人をみつめる目には、人を受け入れる働きがあるんだ。だから、視線をあわせてくるようになると、人を受け入れることができるようになるんだ。

人を受け入れることが始まれば、ひとりぼっちから抜け出せるね。

そうなんだよ。お母さんが大好きになったり、人との触れあいを求めるようになるんだ。それから、人を受け入れるようになると、人からいろいろなことを学べるようになるんだ。

すごいことが起こるんだね。

もうひとつ、びっくりすることが起こるんだ。

どんなことが起こるの？

それはね、赤ちゃん返りが出ることなんだ。

赤ちゃん返りってなあに？

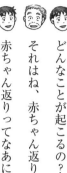

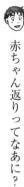

子どもに赤ちゃんのようなふるまいが出ることなんだよ。たとえば、ママのオッパイをさわったり、オッパイを飲んだり、おんぶして欲しいとおねだりしたり、ハイハイをしたり、オムツをあてたり、哺乳びんでジュースを飲んだり、「ンマンマ、ブーブー」って赤ちゃんことばを言ったりするんだ。表情も赤ちゃんのようなあどけない表情になってね、まるで目の前に赤ちゃんがいるように思えるんだよ。

不思議だね。どうして赤ちゃん返りが出るの？

順調に育つ赤ちゃんは、アイコンタクトによって人を受け入れることができるので、発達の道すじをたどって成長することができるんだ。
でも、障害のためにアイコンタクトがとれない赤ちゃんは、人と関わることができないために、発達の道すじをたどって成長することが難しいままに、大きくなるんだ。だから、人との関わりができるようになると、赤ちゃん返りをして発達の道すじをたどり直すんだよ。
不思議といえば、こんな不思議なことはないね。赤ちゃん返りは、障害を克服するためには、必ず出なければならない行動なんだ。

子ども自らが赤ちゃん返りで障害を克服するんだね。赤ちゃん返りが出ることは、すばらしいことなんだね。僕は赤ちゃん返りと聞いたとき、どうなるかと思ったけれど、障害を克服するためには、必ず出なければならない行動と聞いて安心したよ。

5. 自閉症児の心の扉を開ける呼吸援助抱っこ

抱っこをすればするほど、子どもが赤ちゃん返りをして、発達の道すじをたどり直すことから、抱っこの取り組みがどんなに重要であるかを認識したんだ。
自閉症の子どもはね。心の扉を閉ざして、人を受け入れないようにして自分を守っているんだ。たくさんの子どもの抱っこの体験から、深い腹式呼吸に誘導すれば閉ざした心の扉を開くことを学んだね。そこで、試行錯誤の末に「呼吸援助抱っこ」という取り組みをあみ出したんだ。

呼吸援助抱っこは、自閉症以外の子どもにも適応できるの？

もちろんだよ。呼吸援助抱っこはどんな障害の子どもに行っても成果が出るよ。順調に育つ子どもにも、必要な抱っこだと考えているよ。

呼吸はできて当たり前と思っていたけれど、深い腹式呼吸ができることが大切なんだね。

君も赤ちゃんのとき、「オギャーオギャー」って、よく泣いていたよ。

呼吸といえば、良質な菊づくりの話を思い出した。菊の生育は土壌中の酸素によって左右されるという話だよ。人間の赤ちゃんも、発達していくうえで、呼吸の営みが果たす働きが大きいんだね。

いいことに気がついたね。産声から始まる呼吸の営みが、赤ちゃんの発達に関わっているなんて、わかればわかるほど感動することだね。

呼吸の営みが赤ちゃんの発達にどのように関わるのか、知りたいな。

自閉症の子どもに腹式呼吸ができるようになったとき、どんな行動が起こったか覚えているかな？

おじいさんの顔をじーっとみつめてきたんだよね。

そうだね。みつめる目には、人を受け入れる窓口としての働きがあるという話をしたね。赤ちゃんは人をみつめることで人を受け入れるんだ。つまり、みつめる目が社会性の発達にスイッチを入れるんだよ。
3ヵ月頃に、赤ちゃんはおもちゃをみつめるとおもちゃに手を伸ばすようになるんだ。つまり、おもちゃをみつめる目が手の発達にスイッチを入れるんだよ。
それからね、赤ちゃんは抱き手をみつめながら盛んに「アー」「フー」と声を出すんだ。実は、この「アー」「フー」は、将来ことばに成長するんだよ。つまり、みつめる目がことばの発達にスイッチを入れるんだね。その後も、みつめる目は多方面にわたっ

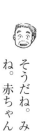

て心身の発達を支えるんだ。

みつめる目にはそんな働きがあるの。驚いたなあ。

赤ちゃんは人にみつめなさいと強制されて、みつめるわけではないんだよ。みつめるという行動は自発的な行動なんだ。つまり、赤ちゃんに備えられている術なんだよ。

赤ちゃんが心身の発達ができるように、みつめる目が備えられているってことなんだね。

話がわかってくれて嬉しいよ。実は、赤ちゃんがみつめることができるのは、呼吸のコンディションが整っているときなんだ。

へぇー。みつめる目の育ちは呼吸しだいなんだね。みつめる目を育てるためにも、赤ちゃんが大きい声で「オギャーオギャー」って泣くことが大切なんだね。

実はね、心配していることがあるんだよ。それはね、大きい声で「オギャーオギャー」と泣かなかったり、あまり泣かない赤ちゃんが出現していることなんだ。

どうして心配なの?

赤ちゃんが順調に成長するためには、しっかりと大声で泣くことが必要なんだ。あまり泣かなかったり、泣いても声が小さい赤ちゃんは、順調に発達の道すじをたどって

成長することができるかどうか心配なんだよ。4、5年くらい前から、発達の相談に来る子どもの多くが、赤ちゃんのときにあまり泣かなかったり、泣いても声が小さかったりしているんだ。

あまり泣かなかったり、泣き声が小さいとどうなるの？

ことばが遅れていることを心配して、相談にくるんだよ。

呼吸援助抱っこの取り組みをするの？

もちろんだよ。呼吸援助抱っこの取り組みを数ヵ月すると、大きい声で泣くことができるようになるんだ、すると、ことばを話すことができるようになるんだよ。しかも短期間に会話ができるまでに発達するんだ。泣くことは、ことばを話すことにもつながっているんだよ。

どうして赤ちゃんが大きい声で泣かなかったり、あまり泣かなくなったの？

それはね、赤ちゃんが泣かなくてもよい環境の下で育つようになったからだと思うよ。

昔はね、暑かったり寒かったりすると泣いたんだ。でも、今は冷暖房設備が整っていて、快適な環境の下で育てられるので、暑かったり寒かったりして泣くことはないんだ。また、昔はオムツがぬれると泣いたんだ。でも、今は紙オムツのおかげで排泄しても不快を感じなくてもすむんだ。それと、昔は赤ちゃんが大声で泣くと、オッパイを飲ませていたんだ。でも、今はそろそろオッパイの時間かなと思うと、赤ちゃんが泣く前にオッパイを飲ませる傾向があるんだ。今は泣き疲れてから、オッパイを飲む赤ちゃんはないと思うよ。

それに加えて、赤ちゃんをなるべく泣かせないように至れり尽くせりのお世話をすることがよいことであるかのように考えられている風潮があるんだ。

そういえば、お隣の家で赤ちゃんが生まれたけれど、赤ちゃんの泣き声を聞いたことがないよ。

昔は道を歩いていると、赤ちゃんの泣き声が聞こえてきたものだった。子育ても時代とともに変わるものなんだね。変わってもいいけれど、大切な基本は守って子育てをして欲しいものだね。

6.「みつめる目と呼吸」の視点からわかったこと

もうひとつ話したいことがあるんだ。

どんなことなの？

おじいさんがこの道に入る決心をしたのは、幼少時代の体験にあることは話したね。実はね、おじいさんには、精神の病を患った伯父さんのことがいつも胸の奥にあるんだ。とてもやさしくて、私を可愛がってくれた伯父さんが、戦地より帰還してから、どうして精神の病を患ったのかとずっと思っていたんだ。

おじいさんにとって、伯父さんのことは忘れられないんだね。

そうなんだよ。だから、近年終戦より70年余りたったいま、戦争体験のある人の話を見聞きする機会があると、その人たちの心情が痛いほどわかるんだ。当時おじいさんは子どもだったので、戦地には行っていないけれど、ずっと戦場で亡くなられたお兄さん、お姉さんの英霊に「ありがとうございました」と手をあわせているんだ。

「どうして？」の答えはみつかったの？

「みつめる目と呼吸」という視点から考察するようになって、やっとみつけられた思いがしているよ。

どのように考えているの？

戦場というところは、息をつめさせる場所だということだよ。

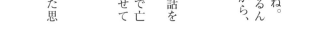

息をつめさせるって、どういうことなの？

戦場は、息をこらしてみつめ続けなければならない場所だということだよ。

わかった。戦場は片時たりとも気をゆるめることができない場所ということなんだね。

そうなんだよ。戦場では、いつ敵に襲われるかわからない。だから一分一秒たりとも油断することなく緊張して、前方、後方、左右に目を光らせてみつめ続けなければならないんだ。
また、敵を襲撃するときにも、敵をみつめ続けて戦わなければならない。つまり、戦場は一秒間たりともみつめることを休むことが許されない場所なんだ。みつめ続けることが何十分、何時間、何日も続くとしたら、その間、息をつめ続けることになるんだ。息をつめた生活が何日も続けば、脳は酸素が欠乏した状態におちいってしまう。戦場は肉体にとって過酷な場であるけれど、脳にとっても過酷な場であることがわかったんだ。

脳に酸素が欠乏すると、どうなるの？

脳がダメージを受けるんだ。伯父さんは長期間にわたって戦場で息をつめた生活をしたために、精神の病を患ったのではないかと考えるようになったんだ。
私が幼少の頃、伯父さんが家に来たとき、おじいさんが火を使うことや煙を出すことを禁じたのは、伯父さんが戦場で火や煙をみつめ続けたためだったんだね。今はおじいさんが言ったことがよく理解できるんだ。

伯父さんの精神の病についての考察ができてよかったね。

こうした考えに至ったのは、新生児期のアイコンタクトが、深い腹式呼吸の営みによって産出することが考察できたからだと思うよ。これまでの歩みをふり返ったとき、呼吸の営みに到達できたのは、伯父さんの導きがあったからこそと、感謝しているんだ。

現代はストレス社会というけれど、ストレスって、呼吸のコンディションが乱れることをいうんだね。

そうなんだよ。ストレスを呼吸という視点から考えれば、ストレスへの対応方法が見出せると思うよ。仕事の合間の休みを、休息・休憩というけれど、休息・休憩に「息」の文字が入っていることに、先人の知恵がしのばれるね。ストレス社会を生き抜くには、息をつめない生活を心がけることが大切だと教えているんだよ。

たくさんのお話を聞かせてくれてありがとう。おじいさんのあゆみを参考にして、僕も将来のことを考えてみるよ。

話を聞いてくれてありがとう。何か参考になればいいね。君の前途が開かれることを祈っているよ。

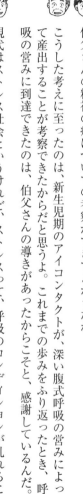

おわりに

人にはその人の人生を決定づける出来事や出会いがあるものですが、私の人生を決定づけたのは、幼少時代の出来事です。

その出来事とは、私の伯父が終戦後帰還してからしばらくして精神の病を患ったことと、病気や障害のある人々に対する世間の偏見や差別を目のあたりにしたことです。

当時は、子どもでしたので、何もできないことが悲しくて、大きくなったら、病気や障害を持つ人々の力になれる仕事につこうと決心しました。したがって、私は十代で人生の方向づけをしたことになります。以来、ひたすら自ら方向づけをしたコースを走ってきました。走りも終盤にきて、呼吸の営みというゴールに到達しました。

どのようにして呼吸の営みというゴールに到達したかをふり返ると、大学時代は菊づくりの耕起作業、養鶏研究所時代は鶏の鳴き声の観察を通して、呼吸について追求することに目覚めさせられました。

そして、障害児教育に没頭する中で、自閉症児の指導において呼吸援助抱っこの取り組みをあみ出したことから、呼吸の営みについての考察を深めさせられました。

それは、深い腹式呼吸ができるようになると、子どもたちに発達の兆しが出たからです。つまり、視線があうようになったり、愛着が育ったり、赤ちゃん返りをして発達の道すじをたどり直したからです。こうした呼吸援助抱っこの成果から、呼吸の営みが赤ちゃんを育てる原動力であることを認識するに至りました。

赤ちゃんは産声をあげて生まれてきますが、その産声が呼吸の始まりです。ところが、産声の後に出る「オギャーオギャー」の音声を、古今東西「泣き声」と称しています。しかし呼吸援助抱っこの取り組みによって、私は「オギャーオギャー」の音声は、「呼気音」であることを認識するに至りました。

赤ちゃんの呼気音は、3ヵ月頃になると、呼気音に意思や欲求が吹き込まれることによって、「泣き声」に成長するのです。呼吸の営みは、生命の営みの根幹です。その呼吸の営みが赤ちゃんを育てることに着目したことで、障害の早期発見ができることを考察することができました。

また、呼吸援助抱っこの取り組みをすると、子どもに赤ちゃん返りが起こります。赤ちゃん返りは、0歳代にたどりえなかった発達の道すじをたどり直す行動です。このことから、赤ちゃん時代の育ちが発達の土台であることを再認識することができました。

ところで、私は障害児療育に携わる前に、精神病院に数年間勤務しましたが、そのときにも、患者さんが赤ちゃん返りをする姿をみました。そのときの体験が、子どもの赤ちゃん返りを考察するうえで、とても参考になりました。

私はこれまで、3冊の拙著を上梓しています。自閉症の療育や呼吸援助抱っこについては『自閉傾向は生まれて三ヵ月でわかる。』、泣きは呼気音であり、ことばの源は呼吸であるということについては『ことばの発達は新生児期から始まる』、手の発達が知恵を育てるということについては『手は知恵を育む』で述べています。ご興味があれば、手に取っていただければ幸いです。

呼吸の営みについての考察を深めているとき、聖書に書かれている「命の息」のみことばが脳裏に浮かびました。

「主なる神は、土のちりで人を造り、命の息をその鼻に吹き入れられた。そこで人は生きたものとなった」（旧約聖書創世記第2章7節）のみことばです。人は「命の息」によって、人たらしめられているのです。その命の息が、赤ちゃんを育てるのです。

ですから、未熟で生まれた赤ちゃんが人間に育つためには、しっかりと呼吸することが必要なのです。

私の人生は伯父との出会いから始まりましたが、ふりかえると、私の人生は「命の息」のみことばに到達する歩みであったことを覚えます。また、呼吸援助抱っこをあみ出すことができたのも神様の導きであったことを覚えます。「命の息」へと導いてくださいました神様に、感謝の念でいっぱいです。

ありがとうございました。

2017年10月

こども発達支援ホーム　いわしろ施設長　井上正信

著者プロフィール
井上正信（いのうえ・まさのぶ）
こども発達支援ホーム　いわしろ施設長

1937年鳥取県倉吉市に生まれる。1960年静岡大学農学部卒業、1961年静岡大学農学部専攻科修了。同年磐田養鶏研究所を設立、鶏の品種改良に携わる。
1964年赤松言語療育園を設立、幼児の障害児教育に携わる。1967年佛教大学文学部社会福祉学科卒業。2006年「こども発達支援ホーム　いわしろ」と改称し、現在に至る。1964年以来、発達に問題を持つ子どもの教育および子育て相談に携わる。
主な資格は、柔道整復師（接骨）、調理師、あん摩マッサージ指圧師。
著作は『自閉傾向は生まれて三ヵ月でわかる。―こどもを救う呼吸援助抱っこ』2009年、『ことばの発達は新生児期から始まる―ことばの源は呼吸です』2012年、『手は知恵を育む―乳幼児期の手の発達』2015年（すべて静岡新聞社）がある。

こども発達支援ホーム　いわしろ
〒438-0005　静岡県磐田市匂坂上1263-3
TEL・FAX：0538-38-2001
http://iwasiro.server-shared.com/

赤《あか》ちゃんのみつめる目《め》

2017年11月30日　初版第1刷

著　者――――井上正信《いのうえまさのぶ》
発行者――――坂本桂一
発行所――――現代書林
〒162-0053　東京都新宿区原町3-61　桂ビル
TEL／代表　03(3205)8384
振替00140-7-42905
http://www.gendaishorin.co.jp/

カバー・本文デザイン―宮坂佳枝（ミヤサカデザイン室）
カバー・本文イラスト―こぐまあい

印刷・製本　㈱シナノパブリッシングプレス
乱丁・落丁本はお取り替えいたします。

定価はカバーに
表示してあります。

ISBN978-4-7745-1669-1　C0037